禅宗无门关

中国佛学经典宝藏

26

魏道儒 释译

星云大师总监修

人民东方出版传媒

東方出版社

总序

星云

自读首楞严，从此不尝人间糟糠味；
认识华严经，方知已是佛法富贵人。

诚然，佛教三藏十二部经有如暗夜之灯炬、苦海之宝筏，为人生带来光明与幸福，古德这首诗偈可说一语道尽行者阅藏慕道、顶戴感恩的心情！可惜佛教经典因为卷帙浩瀚、古文艰涩，常使忙碌的现代人有义理远隔、望而生畏之憾，因此多少年来，我一直想编纂一套白话佛典，以使法雨均沾，普利十方。

一九九一年，这个心愿总算有了眉目。是年，佛光山在中国大陆广州市召开"白话佛经编纂会议"，将该套丛书定名为《中国佛教经典宝藏》①。后来几经集思广

① 编者注：《中国佛教经典宝藏》丛书，大陆出版时改为《中国佛学经典宝藏》丛书。

益，大家决定其所呈现的风格应该具备下列四项要点：

一、启发思想：全套《中国佛教经典宝藏》共计百余册，依大乘、小乘、禅、净、密等性质编号排序，所选经典均具三点特色：

1. 历史意义的深远性
2. 中国文化的影响性
3. 人间佛教的理念性

二、通顺易懂：每册书均设有原典、注释、译文等单元，其中文句铺排力求流畅通顺，遣词用字力求深入浅出，期使读者能一目了然，契入妙谛。

三、文简意赅：以专章解析每部经的全貌，并且搜罗重要的章句，介绍该经的精神所在，俾使读者对每部经义都能透彻了解，并且免于以偏概全之谬误。

四、雅俗共赏：《中国佛教经典宝藏》虽是白话佛典，但亦兼具通俗文艺与学术价值，以达到雅俗共赏、三根普被的效果，所以每册书均以题解、源流、解说等章节，阐述经文的时代背景、影响价值及在佛教历史和思想演变上的地位角色。

兹值佛光山开山三十周年，诸方贤圣齐来庆祝，历经五载、集二百余人心血结晶的百余册《中国佛教经典宝藏》也于此时隆重推出，可谓意义非凡，论其成就，则有四点可与大家共同分享：

一、**佛教史上的开创之举**：民国以来的白话佛经翻译虽然很多，但都是法师或居士个人的开示讲稿或零星的研究心得，由于缺乏整体性的计划，读者也不易窥探佛法之堂奥。有鉴于此，《中国佛教经典宝藏》丛书突破窠臼，将古来经律论中之重要著作，做有系统的整理，为佛典翻译史写下新页！

二、**杰出学者的集体创作**：《中国佛教经典宝藏》丛书结合中国大陆北京、南京各地名校的百位教授、学者通力撰稿，其中博士学位者占百分之八十，其他均拥有硕士学位，在当今出版界各种读物中难得一见。

三、**两岸佛学的交流互动**：《中国佛教经典宝藏》撰述大部分由大陆饱学能文之教授负责，并搜录台湾教界大德和居士们的论著，借此衔接两岸佛学，使有互动的因缘。编审部分则由台湾和大陆学有专精之学者从事，不仅对中国大陆研究佛学风气具有带动启发之作用，对于台海两岸佛学交流更是帮助良多。

四、**白话佛典的精华集萃**：《中国佛教经典宝藏》将佛典里具有思想性、启发性、教育性、人间性的章节做重点式的集萃整理，有别于坊间一般"照本翻译"的白话佛典，使读者能充分享受"深入经藏，智慧如海"的法喜。

今《中国佛教经典宝藏》付梓在即，吾欣然为之作序，并借此感谢慈惠、依空等人百忙之中，指导编修；吉广舆等人奔走两岸，穿针引线；以及王志远、赖永海等大陆教授的辛勤撰述；刘国香、陈慧剑等台湾学者的周详审核；满济、永应等"宝藏小组"人员的汇编印行。由于他们的同心协力，使得这项伟大的事业得以不负众望，功竟圆成！

《中国佛教经典宝藏》虽说是大家精心擘划、全力以赴的巨作，但经义深邃，实难尽备；法海浩瀚，亦恐有遗珠之憾；加以时代之动乱，文化之激荡，学者教授于契合佛心，或有差距之处。凡此失漏必然甚多，星云谨以愚诚，祈求诸方大德不吝指正，是所至祷。

一九九六年五月十六日于佛光山

原版序
敲门处处有人应

慈惠

　　《中国佛教经典宝藏》是佛光山继《佛光大藏经》之后，推展人间佛教的百册丛书，以将传统《大藏经》精华化、白话化、现代化为宗旨，力求佛经宝藏再现今世，以通俗亲切的面貌，温渥现代人的心灵。

　　佛光山开山三十年以来，家师星云上人致力推展人间佛教，不遗余力，各种文化、教育事业蓬勃创办，全世界弘法度化之道场应机兴建，蔚为中国现代佛教之新气象。这一套白话精华大藏经，亦是大师弘教传法的深心悲愿之一。从开始构想、擘划到广州会议落实，无不出自大师高瞻远瞩之眼光，从逐年组稿到编辑出版，幸赖大师无限关注支持，乃有这一套现代白话之大藏经问世。

　　这是一套多层次、多角度、全方位反映传统佛教文化的丛书，取其精华，舍其艰涩，希望既能将《大藏经》

深睿的奥义妙法再现今世，也能为现代人提供学佛求法的方便舟筏。我们祈望《中国佛教经典宝藏》具有四种功用：

一、是传统佛典的精华书

中国佛教典籍汗牛充栋，一套《大藏经》就有九千余卷，穷年皓首都研读不完，无从赈济现代人的枯槁心灵。《宝藏》希望是一滴浓缩的法水，既不失《大藏经》的法味，又能有稍浸即润的方便，所以选择了取精用弘的摘引方式，以舍弃庞杂的枝节。由于执笔学者各有不同的取舍角度，其间难免有所缺失，谨请十方仁者鉴谅。

二、是深入浅出的工具书

现代人离古愈远，愈缺乏解读古籍的能力，往往视《大藏经》为艰涩难懂之天书，明知其中有汪洋浩瀚之生命智慧，亦只能望洋兴叹，欲渡无舟。《宝藏》希望是一艘现代化的舟筏，以通俗浅显的白话文字，提供读者遨游佛法义海的工具。应邀执笔的学者虽然多具佛学素养，但大陆对白话写作之领会角度不同，表达方式与台湾有相当差距，造成编写过程中对深厚佛学素养与流畅白话语言不易兼顾的困扰，两全为难。

三、是学佛入门的指引书

佛教经典有八万四千法门，门门可以深入，门门是无限宽广的证悟途径，可惜缺乏大众化的入门导览，不易寻觅捷径。《宝藏》希望是一支指引方向的路标，协助十方大众深入经藏，从先贤的智慧中汲取养分，成就无上的人生福泽。

四、是解深入密的参考书

佛陀遗教不仅是亚洲人民的精神归依，也是世界众生的心灵宝藏。可惜经文古奥，缺乏现代化传播，一旦庞大经藏沦为学术研究之训诂工具，佛教如何能扎根于民间？如何普济僧俗两众？我们希望《宝藏》是百粒芥子，稍稍显现一些须弥山的法相，使读者由浅入深，略窥三昧法要。各书对经藏之解读诠释角度或有不足，我们开拓白话经藏的心意却是虔诚的，若能引领读者进一步深研三藏教理，则是我们的衷心微愿。

大陆版序一

松水生

　　《中国佛教经典宝藏》是一套对主要佛教经典进行精选、注译、经义阐释、源流梳理、学术价值分析，并把它们翻译成现代白话文的大型佛学丛书，成书于二十世纪九十年代，由台湾佛光文化事业有限公司出版，星云大师担任总监修，由大陆的杜继文、方立天以及台湾的星云大师、圣严法师等两岸百余位知名学者、法师共同编撰完成。十几年来，这套丛书在两岸的学术界和佛教界产生了巨大的影响，对研究、弘扬作为中国传统文化重要组成部分的佛教文化，推动两岸的文化学术交流发挥了十分重要的作用。

　　《中国佛学经典宝藏》则是《中国佛教经典宝藏》的简体字修订版。之所以要出版这套丛书，主要基于以下的考虑：

　　首先，佛教有三藏十二部经、八万四千法门，典籍浩瀚，博大精深，即便是专业研究者，穷其一生之精力，恐也难阅尽所有经典，因此之故，有"精选"之举。

其次，佛教源于印度，汉传佛教的经论多译自梵语；加之，代有译人，版本众多，或随音，或意译，同一经文，往往表述各异。究竟哪一种版本更契合读者根机？哪一个注疏对读者理解经论大意更有助益？编撰者除了标明所依据版本外，对各部经论之版本和注疏源流也进行了系统的梳理。

再次，佛典名相繁复，义理艰深，即便识得其文其字，文字背后的义理，诚非一望便知。为此，注译者特地对诸多冷僻文字和艰涩名相，进行了力所能及的注解和阐析，并把所选经文全部翻译成现代汉语。希望这些注译，能成为修习者得月之手指、渡河之舟楫。

最后，研习经论，旨在借教悟宗、识义得意。为了将其思想义理和现当代价值揭示出来，编撰者对各部经论的篇章品目、思想脉络、义理蕴涵、学术价值等所做的发掘和剖析，真可谓殚精竭虑、苦心孤诣！当然，佛理幽深，欲入其堂奥、得其真义，诚非易事！我们不敢奢求对于各部经论的解读都能鞭辟入里，字字珠玑，但希望能对读者的理解经义有所启迪！

习近平主席最近指出："佛教产生于古代印度，但传入中国后，经过长期演化，佛教同中国儒家文化和道家文化融合发展，最终形成了具有中国特色的佛教文化，给中国人的宗教信仰、哲学观念、文学艺术、礼仪习俗等留下了深刻影响。"如何去研究、传承和弘扬优秀佛教文化，是摆在我们面前的一个重要课题，人民东方出版传媒有限公司拟对繁体字版的《中国佛教经典宝藏》进行修订，并出版简体字版的《中国佛学经典宝藏》，随喜赞叹，寥寄数语，以叙因缘，是为序。

二〇一六年春于南京大学

大陆版序二

依空

　　身材高大、肤色白皙、擅长军事的亚利安人，在公元前四千五百多年从中亚攻入西北印度，把当地土著征服之后，为了彻底统治这里的人民，建立了牢不可破的种姓制度，创造了无数的神祇，主要有创造神梵天、破坏神湿婆、保护神毗婆奴。人们的祸福由梵天决定，为了取悦梵天大神，需要透过婆罗门来沟通，因为他们是从梵天的口舌之中生出，懂得梵天的语言——繁复深奥的梵文，婆罗门阶级是宗教祭祀师，负责教育，更掌控了神与人之间往来的话语权。四种姓中最重要的是刹帝利，举凡国家的政治、经济、军事、文化等等都由他们实际操作，属贵族阶级，由梵天的胸部生出。吠舍则是士农工商的平民百姓，由梵天的膝盖以上生出。首陀罗则是被踩在梵天脚下的土著。前三者可以轮回，纵然几世轮转都无法脱离原来种姓，称为再生族；首陀罗则连轮回的因缘都没有，为不生族，生生世世为首陀罗，子孙也倒霉跟着宿命，无法改变身份。相对于此，贱民比首陀罗更为卑微、低贱，连四种姓都无法跻身其中，只能从事挑粪、焚化尸体等最卑贱、龌龊的工作。

出身于高贵种姓释迦族的悉达多太子，为了打破种姓制度的桎梏，舍弃既有的优越族姓，主张一切众生皆平等，成正等觉，创立了佛教僧团。为了贯彻佛教的平等思想，佛陀不仅先度首陀罗身份的优婆离出家，后度释迦族的七王子，先入山门为师兄，树立僧团伦理制度。佛陀更严禁弟子们用贵族的语言——梵文宣讲佛法，而以人民容易理解的地方口语来演说法义，这就是巴利文经典的滥觞。佛陀认为真理不应该是属于少数贵族、知识分子的专利或装饰，而应该更贴近普罗大众，属于平民百姓共有共知。原来佛陀早就在推动佛法的普遍化、大众化、白话化的伟大工作。

佛教从西汉哀帝末年传入中国，历经东汉、魏晋南北朝、隋唐的漫长艰巨的译经过程，加上历代各宗派祖师的著作，积累了庞博浩瀚的汉传佛教典籍。这些经论义理深奥隐晦，加以书写的语言文字为千年以前的古汉文，增加现代人阅读的困难，只能望着汗牛充栋的三藏十二部扼腕慨叹，裹足不前。

如何让大众轻松深入佛法大海，直探佛陀本怀？佛光山开山宗长星云大师乃发起编纂《中国佛教经典宝藏》。一九九一年，先在大陆广州召开"白话佛经编纂会议"，订定一百本的经论种类、编写体例、字数等事项，礼聘中国社科院的王志远教授、南京大学的赖永海教授分别为中国大陆北方与南方的总联络人，邀请大陆各大学的佛教学者撰文，后来增加台湾部分的三十二本，是为一百三十二册的《中国佛教经典宝藏精选白话版》，于一九九七年，作为佛光山开山三十周年的献礼，隆重出版。

六七年间我个人参与最初的筹划，多次奔波往来于大陆与台湾，小心谨慎带回作者原稿，印刷出版、营销推广。看到它成为佛教徒家中的传家宝藏，有心了解佛学的莘莘学子的入门指南书，为星云大师监修此部宝藏的愿心深感赞叹，既上契佛陀"佛法不舍一众"的慈悲本怀，更下启人间佛教"普世益人"的平等精神。尤其可喜者，欣闻现大陆出版方东方出版社潘少平总裁、彭明哲副总编亲自担纲筹划，组织资深编辑精校精勘；更有旅美企业家鲁彼德先生事业有成之际，秉"十方来，十方去，共成十方事"之襟怀，促成简体字版《中国佛学经典宝藏》的刊行。今付梓在即，是为序，以表随喜祝贺之忱！

二〇一六年元月

目　录

题解

《禅宗无门关》（以下简称《无门关》）是一部拈提公案的重要禅籍，成书于南宋。它的篇幅不长，个性鲜明，在禅宗史上颇有影响。它以解说评论公案、揭示公案意旨为主要内容，以弘扬禅宗教理、启悟参禅学者为主要目的。《无门关》对公案的解说和评论，直接与其作者的参禅访道经历有关，比较集中和突出地反映了作者整体禅学思想。

　　《无门关》的作者是临济禅师慧开（公元一一八三—一二六〇年），字无门，杭州人，俗姓梁。他早年出家，初习佛教经论，次专注于修习禅定，再历参多位著名禅师，后投万寿崇观禅师门下，成为其嗣法弟子。从嘉定十一年（公元一二一八年）开始，慧开先后住持了十五处寺院，如湖州（治在今浙江吴兴）报因寺、隆兴府（治在今江西南昌）天宁寺、黄龙崇恩寺、翠岩广化寺、镇江府（治在今江苏镇江）焦山普济寺、平江府（治在今江苏吴县）灵岩显亲崇报寺、开元寺等等。慧开在南宋禅林和社会上有相当知名度，曾应宋理宗的召见，谈禅论道，受赐号"佛眼"。景定元年（公元一二六〇年）慧开逝世，理宗赐钱三千贯，宣葬于护国灵洞山。

南宋初年，临济禅师大慧宗杲（公元一〇八九——一一六三年）倡导参究话头，此后，看话禅成为禅宗界占主导地位的禅法，持续兴盛于禅林，禅师莫不教授，学僧莫不修习。据慧开自述，曾参究《赵州狗子》一则公案中的"无"字话头六年，终因听见斋鼓之声而证悟。因此，他在担任住持之后，力倡看话禅，不仅向徒众宣讲自己参究话头实践的体会和心得，而且讲述宗杲禅师弟子辈刻苦参究话头的感人故事，以鼓励学僧们勤修看话禅。

正因为他具有长期参究话头而获证悟的实践，所以他对看话禅评价甚高：参这一个"无"字，成佛底如雨点。他把参究话头，特别是宗杲突出强调的"无"字话头，看作是成佛的必由之路。对于不相信看话禅的人，他也提出批评：信不及者，虚度时光。他还对如何参究话头以及参究话头的体验予以说明：参禅别无华巧，只是通身要起个疑团，昼三夜三，切莫间断，久久纯熟，自然内外打成一片，便与虚空打成一片，便与山河大地打成一片，便与四维上下打成一片（上引均见《无门慧开禅师语录》卷下）。这段论述与《无门关》中《赵州狗子》一则公案的评论完全一致。慧开与当时绝大多数禅师一样，继承了大慧宗杲的禅学，并将其体现于《无门关》中，使《无门关》不同于此前的诸种拈提、评唱公案的著作。他把《赵州狗子》一则公案列在四十八则公案之首，不是没有原因的。

作为一位住持过多处寺院的禅师，慧开以善于讲说闻名，所谓"一十五处道场随缘入感，八万四千偈颂信口入玄"。据说他的语录"参徒口传，侍者笔授"，流传颇广。现存普敬等人编集的《无门慧开禅师语录》两卷，又名《无门和尚语录》，于淳祐九年（公元一二四九年）序刊。在这部《语录》中，不乏讲解公案的内容，如《再住黄龙禅寺语录》中的《清税孤贫》，《建康府保宁禅寺语录》中的《乾峰一路》等等。慧开继承了重视公案的传统，时常通过阐释公案启悟参禅者。不过，与语录中讲解公案的内容相比较，《无门关》拈提公案更为系统、精致，堪称是慧开的代表作。

关于公案的价值和作用，《无门慧开禅师语录》中有一段生动论述："灵山密付，黄叶止啼；少室亲传，望梅止渴。乃至德山棒，临济喝……天龙竖直（指），尽是弄猢狲底闲家具，到者里总用不着。虽然如是，事无一向，不免随例开个皂角生姜铺子，兄弟上门，要买人参、附子、甘草、大黄，决定是无，砒霜、巴豆、灯心、发烛，随宜应副。"所有的公案，说到底也和一切传统经典、语言文字一样，属于方便施设和假说，不过是为自证自悟服务。公案只能是启悟的手段，掌握公案并不是修行的目的。如果证悟了，就可以抛弃公案，就像疾病痊愈了，良药也可以抛弃一样。慧开对公案的这些理解，始终贯彻于《无门关》一书中。

现存各类阐释公案的著作，大多是禅师应参学者之请而撰写，《无门关》也不例外。根据《无门关序》记，绍定戊子（公元一二二八年）夏安居时，慧开在龙翔寺为学禅者讲解公案，抄录成集，共有四十八则公案，题名为《禅宗无门关》，并于当年十二月刊行。

应该指出，所谓《无门关》书名中的"无门"二字，并非取自作者的道号，而是依据"佛语心为宗，无门为法门""大道无门，千差有路"等而来，是在强调禅宗的修行方法、修行境界的特殊性的意义上使用此词，表明禅宗传佛心印、直指人心的修行没有可资进入的安排停当的门户。所谓"无门关"，是指历代禅师设置的通向禅宗"大道"的关卡，以此比喻禅师们启悟参学者的诸多方便施设，实际上即指各类公案。禅宗公案的作用和功能，禅宗修行理论的特点和奥秘，自然都由这简单、朴素而且形象的话中表露出来了。

我们这个注译本采用《大正藏》本为底本，主要以《卍续藏》本校勘。由于《无门关》中涉及的一些公案散见于多种禅籍，为了说明其源流，勾勒禅学思想发展的脉络，本书也参考了相应的早出禅典，如《祖堂集》《景德传灯录》《碧岩集》《禅林僧宝传》等等。本书所征引的各类古代佛教典籍，基本出自《大正藏》、《卍续藏经》、《禅宗全书》（蓝吉富主编）。在校勘过程中，只依据别本改正《大正藏》本中导致文意不通的错字，并在注文中标注清楚，以便读者诸君参考。如《大正藏》本虽与别本在行文上有差异，但文意贯通，便不作校改，以便尽可能保持《大正藏》本的原貌。如遇到重要的差别，可能影响到对整个公案的理解，则在注文中引录差别之处，以备读者诸君对照。

经典

禅宗无门关序

佛语心为宗^①，无门为法门^②。既是无门，且作么生透^③？岂不见道："从门入者，不是家珍；从缘得者，始终成坏^④。"恁么说话，大似无风起浪，好肉剜疮！何况滞言句^⑤、觅解会，拈棒打月^⑥，隔靴爬痒，有甚交涉？

慧开绍定戊子夏，首众于东嘉龙翔，因衲子请益^⑦，遂将古人公案作敲门瓦子^⑧，随机引导^⑨学者，竟尔抄录，不觉成集。初不以前后叙列，共成四十八则，通曰《无门关》。

若是个汉^⑩，不顾危亡，单刀直入，八臂那吒拦他不住。纵使西天四七、东土二三^⑪，只得望风乞命^⑫！设或踌躇，也似隔窗看马骑，眨得眼来，早已蹉过。颂曰：

大道无门，千差有路。

透得此关，乾坤独步！

注释

①**佛语心为宗**：四卷本《楞伽经》的品名为《一切佛语心品》，译者注说，这里的"心"，"谓如树木心，非念虑心"。意思是说，《楞伽经》是诸佛所说的核心、纲要。后来此"心"转释为精神本体的"心"，与十卷本《楞伽经》中"一心者名如来藏"的说法联系起来，简称"诸佛说心"。此处的"佛语心为宗"与"诸佛说心"意思一致。这里的"心"与"传佛心印"中的"心"，与"直指人心"中的"心"，没有任何区别。

②**无门为法门**："法门"，按照佛法修行而获得修行成果的门户，这里可以理解为禅宗明心见性的门户。这个法门实际上无门可入，此句强调了禅宗修行方式与佛教其他派别的不同。一是没有固定的、特殊的法门，言外之意即如果能真正悟道，任何路子都可进去。另一指以"无"为法门。

③**且作么生透**：透，透过、经过、进入。此句意为："将怎么样经过或进入？"

④**从缘得者，始终成坏**：因缘和合而形成的事物或

现象，都不会是永恒存在的、无生灭变化的，必然有始有终，有成有坏。

⑤**滞言句**：执着于文字语言，指那些力图通过研习经典语言等获解脱的倾向。

⑥**拈棒打月**：与下文"隔靴爬痒"所要表达的意思相近，指不能真正解决问题。就是说，禅宗的法门，不是"滞言句、觅解会"者可以趋入的。

⑦**衲子请益**：衲是僧衣，可借指僧人，衲子即僧人，此处指前来参禅的僧人。请益，已经领受教诲，还有不理解的问题，进一步再请教。据《百丈清规》，向寺院中住持请益有一定的程序。

⑧**将古人公案作敲门瓦子**："敲门瓦子"与今天所说的"敲门砖"意思相同。把公案视为敲门砖是公认的看法。钻研公案是为了启示参禅者去自证自悟、自修佛道，证悟之后即可抛开公案，如同敲开了门就可丢掉敲门砖一样。

⑨**随机引导**：根据参学者不同的根机而灵活施教。

⑩**若是个汉**：如果是个真正的参禅汉子。

⑪**西天四七、东土二三**：西天四七，禅宗的印度二十八代祖师，各类禅典记载略有出入，今根据宗宝本《坛经》列如下：第一摩诃迦叶，第二阿难，第三商那和修，第四优波毱多，第五提多迦，第六弥遮迦，第七

婆须密多，第八佛驮难提，第九伏驮密多，第十胁尊者，十一富那夜奢，十二马鸣，十三迦毗摩罗，十四龙树，十五迦那提婆，十六罗睺罗，十七僧伽难提，十八伽耶舍多，十九鸠摩罗多，二十阇那多，二十一婆修盘头，二十二摩拏罗，二十三鹤勒那，二十四师子尊者，二十五婆舍斯多，二十六不如密多，二十七般若多罗，二十八菩提达磨。东土二三，禅宗的中国六代祖师：第一菩提达磨，第二慧可，第三僧璨，第四道信，第五弘忍，第六惠能。

⑫只得望风乞命：连西天二十八祖和东土六祖都要乞求饶命，喻此人成佛。

译文

佛的言说是以心为宗旨，没有门户就是修行此道获得成果的门户。既然是没有门户，那将怎么样进入呢？难道没有听说过："能够从门户进入所获得的东西，并不是真正的财宝；凭借因缘而获得的东西，就只能是最终要毁坏的东西。"这么说话，真好似没有风掀起了波浪，把好肉剜去留下了疮疤！何况有人还要执着于文字语言，以常情卜度理解，就如同拿起木棒打月亮，隔靴搔痒，有什么相关呢？

绍定戊子年（公元一二二八年）夏安居时，慧开住持东嘉龙翔寺，因为僧人们请教，就把古人公案当作敲门砖，根据具体情况教导参学者，最后抄录出来，居然汇成一集。当初也没有按讲述公案的前后顺序排列，一共有四十八则，总题名叫《无门关》。

　　如果真是个参禅的好汉，能够舍生忘死，单刀直入，八臂那吒也拦挡不住他。即便是禅宗的西天二十八代祖师、东土六代祖师，也只好望风乞求饶命！假如在参禅过程中犹豫，也就像隔着窗子观看骑马经过，在一眨眼的犹豫之间，就早已经错过了。

　　颂文是：禅宗的大道本来没有可以进入的门户，通向大道的路径却是千差万别。如果能通过这里设置的关卡，普天之下你就算第一了！

1 赵州狗子

赵州和尚^①因僧问："狗子还有佛性^②也无？"州云："无^③！"

无门曰："参禅须透祖师关^④，妙悟要穷心路^⑤绝。祖关不透，心路不绝，尽是依草附木精灵^⑥。且道：如何是祖师关？只者一个'无'字，乃宗门一关也，遂目之曰《禅宗无门关》。透得过者，非但亲见^⑦赵州，便可与历代祖师把手共行，眉毛厮结，同一眼见，同一耳闻，岂不庆快^⑧？莫有要透关底么？将三百六十骨节，八万四千毫窍，通身起个疑团^⑨，参个'无'字。昼夜提撕^⑩，莫作虚无会，莫作有无会^⑪，如吞了个热铁丸相似，吐又吐不出^⑫，荡尽从前恶知恶觉，久久纯熟，自然内外打成一片；如哑子得梦，只许自知⑬。蓦然打发，惊天动地⑭，如夺得关将军大刀入手，逢佛杀佛，逢祖杀祖，于生死岸头得大自在，向六道⑮四生⑯中游戏三昧⑰。且作么生提撕？尽平生气力，举个'无'字⑱，若不间断，好似法烛一点便着。"颂曰：

狗子佛性，全提正令⑲。
才涉有无，丧身失命。

注释

①**赵州和尚**：赵州从谂禅师，南泉普愿弟子。据《传灯录》，曹州郝乡人，俗姓郝，少年时于青州龙兴寺出家，至嵩山琉璃坛受戒，遍访各地名师，遇南泉禅师后便无他往。卒于唐乾宁四年（公元八九七年），寿一百二十，后谥"真际大师"。关于他的生卒年代及生平事迹，各类佛教典籍的记载多有出入。从谂禅师弘教传禅的主要地区是赵州（河北赵县）。对于他的禅法，各种禅书评价均极高。《宋高僧传》亦谓："凡所举扬，天下传之，号赵州法（之）道，语录大行，为世所贵。"在本书中，关于从谂禅师的公案还有《赵州洗钵》《州勘庵主》《赵州勘婆》《庭前柏树》等。

②**佛性**：也作"如来性""觉性"等，来自梵文译词，

原指佛陀的本性，逐渐引申为成佛的可能性、种子、依据。佛教各派对"佛性"有不同解释，禅宗是把"佛性"与人的本心或本性相等同的。

③**无**：没有。本书对此类具有话头性质的用语概不在译文中译出。本则公案受到参禅者的特殊重视是在北宋以后，特别是在大慧宗杲（公元一〇八九——一一六三年）禅师倡导看话禅以后。成书于五代末的《祖堂集》和北宋初的《传灯录》，在赵州本传中均未记此公案。原认为此公案首见于《黄檗断际禅师宛陵录》，有学者认为是后来人添加。无门慧开以下评论此公案，基本是讲述大慧宗杲的看话禅理论，与他评论其他公案的思路完全不同。

④**祖师关**：禅宗祖师设置的关卡。"祖师"并非特指"西天四七、东土二三"，而是泛指前代禅门的高僧大德。

⑤**心路**：思虑分别的思维路线和过程。

⑥**依草附木精灵**：斥责语，指盲目随从他人，外驰求佛，不知自主。

⑦**亲见**：并非"亲自看见"的意思，指没有主客、彼此、见者和被见者等两极对立的"见"。

⑧**岂不庆快**：从"透得过者"句至此句，均讲参透"无"字话头后的境界，也就是证悟之后与历代祖师无

别。此句以下，讲述如何参究话头的过程。

⑨**起个疑团**：也称"起个疑情"，把自身的存在从主观上转化为一个"疑团"的存在。所谓疑团，是参究话头过程中的特殊感受，下文即是对这种特殊感受的描述。禅宗主张小疑小悟、大疑大悟、不疑不悟。"悟"就出现在这种"起个疑团"的过程中。

⑩**提撕**：在这里即指参究话头。

⑪**莫作虚无会，莫作有无会**：指不要分析"无"字的含义。无门慧开的这两句话本自大慧宗杲对看话禅的论述。在禅宗史上，宗杲禅师首次系统论证了话头禅，摘引与此相关的内容如下："但将妄想颠倒底心，思量分别底心，好生恶死底心，知见解会底心，欣静厌闹底心，一时按下，只就按下处看个话头。僧问赵州：狗子还有佛性也无？州云：无。此一字子（无），乃是摧许多恶知恶觉底器仗也。不得作有无会，不得作道理会，不得向意根下思量卜度，不得向扬眉瞬目处垛根，不得向语路上作活计，不得扬在无事甲里，不得向举起处承当，不得向文字中引证，但向十二时中，四威仪内，时时提撕，时时举觉。"（《大慧普觉禅师语录》卷二十六）宗杲禅师在这里提出的"按下"五种"心"和八个"不得"，是对如何参究话头的经典式论述，为后代参禅者所继承。

⑫**吐又吐不出**：此句是对参究话头时的特殊感受的

描述，宗杲禅师也特别强调这种感受，指出："但于话头上看，看来看去，觉得没把鼻，没滋味，心头闷时，正好着力。切忌随他处，只这闷处，便是成佛作祖，坐断天下人舌头处也。"（《大慧普觉禅师语录》卷二十八）

⑬**哑子得梦，只许自知**：指参究话头，起疑团的体验具有难以用语言确切描述的特点，与常讲的"如人饮水，冷暖自知"意思相同。

⑭**蓦然打发，惊天动地**：指在参究话头过程中出现瞬间顿悟。以下是对证悟之后境界的描述：任运自然，逍遥自在，不受一切束缚，处处是成佛解脱之地。

⑮**六道**：众生依据善恶行为而转生的六种去处，即天、人、阿修罗、畜生、饿鬼、地狱。

⑯**四生**：六道众生因出生形式不同而划分的四种形态：其一，卵生，从卵壳出生者，如鸡雀等；其二，胎生，从母胎而出生者，如人畜等；其三，湿生，从湿气而出生者，如腐肉中的虫子等；其四，化生，仅借业力而出现者，如诸天、饿鬼等。

⑰**游戏三昧**：菩萨获得了这种三昧（定）就可以出入自在，无所畏惧。比如百兽在游戏时，看见狮子到来就十分恐惧，很不自在了。但是一群狮子游戏时，无论什么野兽到来，狮子仍然自由自在地游戏，无所畏惧。以上句是说：通过参究话头获得证悟，即可在生死轮回

的各个阶位中，在众生存在的各种形态中自由自在，不受拘束，到处都是成佛解脱之地。

⑱**举个"无"字**：此处的"举"也称举觉，与参究、提撕意思相同。

⑲**全提正令**：指《赵州狗子》这则公案完全下达了禅门的命令。

译文

有位僧人问赵州从谂禅师："狗子有佛性没有？"赵州禅师回答："无！"

无门慧开评论："参禅必须透过祖师设置的关卡，获得妙悟要断绝心路。不能通过祖师设置的关卡，不能断绝自己的心路，只是个向外驰求、依草附木的精灵鬼。你且说：祖师设置的关卡是怎么样的？只这一个'无'字，就是禅门的一个关卡，所以本书题名为《禅宗无门关》。能通过这个关卡的人，不但与赵州禅师不分彼此亲切相见，亦可以与历代祖师携手并肩而行，眉毛相结，用同一眼睛看，用同一耳朵听，怎不庆幸快活？没有要通过祖师关的人吗？你把全身三百六十个骨节，八万四千个毫窍，完全转化成一个疑团，参究这个'无'字。昼夜参究，不要当作'虚无'的'无'来理解，不要当作'有无'的'无'来理解，就像吞了一个热铁丸一样，吐又吐不出来，把以前的错误见解和认识完全扫除干净，历时长久便能纯熟，自然把自身与外界融成一体；此时如同哑巴做了个梦一样，那感受只有自己明白，没办法告知别人。忽然之间又出现了惊天动地的变化，如同夺下了关羽将军的青龙偃月刀在手，遇见佛杀佛，遇见祖师杀祖师，在生死轮回苦海的岸头自由自在，向六道四生中任性逍遥，无拘无束。将怎么样参究呢？竭尽平生力气参究一个'无'字，如果那感受历时长久而不间断，就如同法烛一点便着。"

无门慧开的颂文是：狗子有无佛性这则公案，完全下达了禅门的命令。刚刚涉及有与无这两个方面，便会丧失了自己本有的法身慧命。

2 百丈野狐

原典

百丈和尚①凡参次②。有一老人常随众听法，众人退，老人亦退。忽一日不退，师遂问："面前立者，复是何人？"

老人云："诺！某甲非人也，于过去迦叶佛③时，曾住此山。因学人④问：'大修行底人⑤还落因果也无？'某甲对云：'不落因果⑥！'五百生堕野狐身⑦。今请和尚代一转语⑧，贵脱野狐⑨。"遂问："大修行底人还落因果也无？"

师云："不昧因果⑩！"

老人于言下大悟⑪，作礼云："某甲已脱野狐身，住在山后，敢告和尚，乞依亡僧事例⑫！"

师令无[13]维那[14]白槌[15]告众："食后送亡僧！"

大众言议："一众皆安，涅槃堂[16]又无人病，何故如是？"

食后，只见师领众，至山后岩下，以杖挑出一死野狐，乃依火葬。

师至晚上堂，举前因缘，黄檗[17]便问："古人错只对一转语，堕五百生野狐身。转转不错[18]，合作个什么[19]？"

师云："近前来，与伊道。"

黄檗遂近前，与师一掌。

师拍手笑云："将谓胡须赤，更有赤须胡[20]。"

无门曰："不落因果，为甚堕野狐？不昧因果，为甚脱野狐？若向者里着得一只眼[21]，便知得前百丈赢得风流五百生！"颂曰：

> 不落不昧，两采一赛[22]。
>
> 不昧不落，千错万错[23]。

注释

①**百丈和尚**：唐代百丈怀海禅师（公元七二○—八一四年）。据陈诩《唐洪州百丈山故怀海禅师塔铭》，俗姓王，福州长乐（今属福建）人，早年随西山慧照出家，再投衡山法朝进具戒，后师事马祖道一，成为其嗣

法弟子。怀海常住洪州百丈山（今属江西），世称"百丈和尚"。世寿六十六，《传灯录》卷六谓世寿九十五。唐穆宗谥"大智禅师"号。他在禅宗史上的重要业绩，是制定《禅门规式》（经后代修改补充易名为《百丈清规》），将山居禅众自耕自食、农禅并重的生活方式和修行方式制度化，深刻影响着中国禅宗的发展。据《传灯录》卷六载，怀海禅师主要倡导不为"五欲八风"所动，不受世俗一切善与不善制约的自由精神，可称为"心如木石"。关于他的禅语、机缘流传较多，但《传灯录》本传中无此则公案。

②**参次**：参，指参禅；次，意期间。参次即参禅期间。当时的参禅形式或者是师徒之间的机语酬对，或者是禅师讲说禅法。本则公案所述系指前者。

③**迦叶佛**：过去七佛中的第六位佛，在释迦牟尼佛之前。此处以"迦叶佛时"喻时间之久远。

④**学人**：这里指参禅学道的人。

⑤**大修行底人**：修行，指按照佛教的规定实践，佛教不同派别对其具体内容有不同的概括。大修行底人，指发大心、修大行的人。所谓大行，概指其修行程度高深。在禅宗典籍中，"大修行底人"可理解为经过参禅实践而明心见性的人。

⑥**不落因果**：因果，指因果报应。佛教认为，人们

的任何思想、言语和行为都会产生相应的后果，决定人们现世的境遇和下世的转生去向。《从容庵录》第八则谓，此句是拨无断见，断是灭绝之意，断见被认为是佛教以外派别（外道）的错误观点。不落因果即不受因果报应、生死轮回的支配。此处的不落因果和下面的不昧因果均具有话头性质，故译文中未译出。

⑦**五百生堕野狐身**：五百生，即五百世；堕野狐身，即转生为野狐。在佛教讲的五道或六道轮回中，转生为野狐自然是沦于畜生道。此句是说，转生为野狐，经历五百世也没有脱离这个轮回阶位。

⑧**代一转语**：代，代替；转语，具有驱迷启悟功能的禅语。如某人参禅过程中始终不能消除谬见，禅师指点一句，使其扭转错误的思维路线，由迷惑转为觉悟，禅师的这句话就叫"转语"。

⑨**贵脱野狐**：从野狐转生到另一个更高级的轮回阶位（如人、天等），或超脱轮回。

⑩**不昧因果**：《从容庵录》第八则谓此句是"随流得妙"。从字面讲，是明了因果报应、生死轮回。

⑪**言下大悟**：闻言而开悟，此处"悟"兼有认识、理解和体验的意思。

⑫**依亡僧事例**：按照给死亡僧人做法事的惯例。

⑬**无**：别本没有此字，属衍文。

⑭**维那**：梵文音义并译的省略词，旧称"悦众"等僧职。此作为僧官始于后秦，北魏至隋是位仅次于沙门统的僧官。在佛教寺院中，是三纲之一，位在上座、寺主之下。在禅宗寺院中，为东序六知事之一，所掌管的僧众日常事务较多，据《百丈清规》卷四载，可以检验度牒真伪以辨僧人身份，调解僧众间的纠纷等，所谓"凡僧事内外，无不掌之"。

⑮**白槌**：槌，佛教法器。白槌即击打槌以引起众人注意，是法会开始或终了时的仪式。据说禅宗此仪（宗门白槌）是仿效"世尊升座，文殊白槌"的故事。

⑯**涅槃堂**：又称延寿堂或无常堂，是危重病僧人待入灭之处。

⑰**黄檗**：唐代禅师黄檗希运。据《传灯录》卷九等载，福州闽县（今福州）人，早年在高安（今江西高安）黄檗山出家，游历过天台山和长安等地。曾参南泉普愿、盐官齐安，为百丈怀海法嗣。裴休整理他的言论为《断际禅师传心法要》，另有《宛陵录》，也是与裴休的问答。终于大中九年（公元八五五年）左右，谥"断际禅师"号。他善于机语酬对，所谓"施设皆被上机，中下之流莫窥涯涘"。倡导"即心是佛，无心是道"。

⑱**转转不错**：指在机语酬对时往返多次而没有出现差错。

⑲**合作个什么**：应该是个什么情形。上文讲古人因答错一句就转生为野狐，那么辗转往返多次都没有答错一句情况又该怎样？

⑳**将谓胡须赤，更有赤须胡**：胡即胡僧，是对古印度及他国僧人的称呼，须指胡须，赤是红颜色。这句话的字面意思是：我只知道胡僧的须髯是红颜色的，没想到还有红颜色须髯的胡僧。以此表达人上有人、天外有天的意思。这是怀海禅师对希运禅师以击其一掌为应对的做法的肯定和赞扬。

㉑**若向者里着得一只眼**：者里，这里；一只眼也叫参学眼，指用禅学的观点来观察。

㉒**不落不昧，两采一赛**：采赛是古代一种掷骰子的赌博方法，两采一赛，指两个骰子的点数相等。此句是说：回答不落因果与回答不昧因果是半斤对八两的关系，实际上并没有区别。并不是说，回答不落因果就要转生野狐，回答不昧因果就脱离野狐。宋代天童正觉禅师关于此公案的颂文中有一句："不落不昧商量也，依前撞入葛藤窠。"关于不落因果和不昧因果的讨论，不过是在文字语言窠里兜圈子，不仅无助于证悟，反而有碍于证悟。

㉓**不昧不落，千错万错**：如果执着于不昧因果或不落因果，都是大错特错的。这则公案的主旨，是让人们

排除对不落因果或不昧因果的分析、推理、执着，消除取舍分别之心，不受因果的束缚，任运自然地生活。《从容庵录》第八则记载了道圆禅师对此公案证悟后的偈颂，很有特色，可与无门禅师的颂文相对照，记录如下："不落不昧，僧俗本无忌讳！丈夫气宇如王，争受囊藏被盖！一条柳栗任纵横，野狐跳入金毛队！"

译文

每当百丈怀海和尚参禅说法之时，总有一位老人同大家一起听讲，参禅结束后，他也随着人群离去。忽然有一天，禅众都走了，老人仍不走。怀海禅师便问他："在我面前站立者是谁？"

老人回答："啊！我并不是人，昔日迦叶佛在世时，我曾住在此山。当时有位参禅学道的人问我：'发大心、修大行的人还受因果报应支配吗？'我以'不落因果'应对。就因为这一句禅语，我转生为野狐，历经五百世。现在恳请和尚说一句驱迷启悟的机语，使我脱离野狐身。"于是这位老人便问："发大心、修大行的人还受因果报应支配吗？"

百丈怀海禅师回答："不昧因果！"

这位老人闻言大悟，向怀海禅师行礼，并且说："我已脱离野狐身，住在此山后面，斗胆恳请和尚，按死亡僧人的仪式为我料理后事！"

怀海禅师命维那击槌告知众位僧人："斋饭之后为死亡僧人送行！"

僧人们相互议论："禅院上下的人都身体健康，涅槃堂里也没有危重病人，为什么这样说话呢？"

斋饭之后，只见怀海禅师率领众僧来到山后的石岩下，用拄杖挑出一只死野狐，就按照火葬亡僧的仪式做法事。

晚间，怀海禅师到法堂参禅讲法，说起白天发生的那件事，黄檗希运禅师就提问："古人只不过应对错了一句禅语，就转生为野狐，历经五百世不能超脱。在参禅酬对过程中，如果反复问答都没有错误，应该是什么情况呢？"

怀海禅师说："你到跟前来，我告诉你。"

希运禅师就走上前来，击怀海禅师一掌。

怀海禅师拍手笑着说："我只知道胡僧的须髯是红颜色，没想到还有红颜色须髯的胡僧。"

无门慧开评论："回答'不落因果'，为什么就要转生为野狐？回答'不昧因果'，为什么就能脱离野狐？如果在这里洞察分明，你就会懂得，昔日百丈怀海禅师的作为的确赢得了永恒的自在与自由！"

无门慧开的颂文是：回答"不落因果"或"不昧因果"，不过是半斤对八两的关系，本质上没有什么区别。如果执着于"不落因果"或"不昧因果"，那就大错特错了。

3　俱胝竖指

　　俱胝和尚①凡有诘问②，唯举一指。后有童子③因外人问："和尚说何法要④？"童子亦竖指头。胝闻，遂以刃断其指。童子负痛，号哭而去。胝复召之，童子回首，胝却竖起指，童子忽然领悟。

　　胝将顺世⑤，谓众曰："吾得天龙⑥一指头禅，一生受用不尽！"言讫示灭⑦。

　　无门曰："俱胝并童子悟处，不在指头上⑧。若向者里见得，天龙同俱胝并童子与自己一串穿却⑨！"颂曰：

　　　　俱胝钝置老天龙⑩，利刃单提勘小童⑪。
　　　　巨灵抬手无多子⑫，分破华山千万重⑬。

注释

①**俱胝和尚**：唐代禅师，杭州天龙和尚弟子，曾住婺州（故治在今浙江金华）金华山，生卒年不详。《传灯录》卷十一载此公案。

②**诘问**：此处指参禅者的提问。在师徒参禅过程中，常是学人提问，禅师作答。一般诘问所提问题多来自著名禅师的语录、经典中的语句等。有的禅师还将重要问话汇集起来，一一作答，如北宋汾阳善昭禅师曾作《诘问百则》。

③**童子**：对寺院中尚未正式出家的青少年的称呼。

④**法要**：此处指禅法的大意、纲要或核心内容。

⑤**顺世**：离开人世间，逝世。

⑥**天龙**：唐代禅师，明州（治在今浙江宁波）大梅山法常禅师弟子，曾住杭州，生卒年不详。《传灯录》卷十有载。

⑦**言讫示灭**：示灭，灭度，即涅槃，进入佛教全部修行所达到的理想境界，没有生和死的境界。"示灭"也作为僧人逝世的同义词。本则公案流传很广，为其作颂解释者也很多，摘引两个较著名的颂古，以便与下面无门慧开的颂文对照理解。最早为这则公案作颂的是汾阳善昭（公元九四七——一〇二四年）禅师，颂文是："天龙

一指悟俱胝，当下无私物匪齐，万互千差宁别说，直教今古勿针锥。"(《汾阳无德禅师语录》卷中）大意是：俱胝和尚只竖一指启悟参禅者的方法是从天龙和尚那里学来的，因为他就是从一指得悟。从无私（无我）的角度看世界，无物不是齐一的。在千差万别的世界中，要把握它们的统一性。宋代另一位颂古名家雪窦重显禅师的颂文是："对物深爱老俱胝，宇宙空来更有谁？曾向沧溟下浮木，夜涛相共接盲龟。"前两句大意是：从真谛看，宇宙本空，无物我之别，然而面对世间种种苦难，俱胝和尚以一指度人的苦心，实在令人赞叹。后两句引用《法华经》中"如盲眼之龟值浮木孔，无没溺之患"的寓言，说明俱胝和尚以一指示人，如同在夜幕笼罩下波涛汹涌的大海里投下一浮木，拯救沦于生死苦难中的芸芸众生。以上两则颂古在解释公案上各有侧重点，而下面无门慧开禅师的颂文也与此两颂不雷同，便于对照理解。

⑧**俱胝并童子悟处，不在指头上**：这句话实际上点出了本则公案的主旨。用一指示人的一指头禅，并不是要人们在指头上做文章，理解"一指"本身是什么意思。《碧岩集》第十九则说："尔若用作指头会，决定不见古人意。"有些僧人盲目仿效俱胝和尚，"如今人才问着，也竖指竖拳，只是弄精魄"。根据圆悟克勤禅师的解释，俱胝和尚以一指示人，是让人们认识和体验千差万别事

物中的唯一理体，所谓"一尘才起，大地全收；一花欲开，大地便起"。要想由此证悟，"也须彻骨彻髓见透始得"。同时，一指示人也包含着"一处透，千处万处一时透；一机明，千机万机一时明"的意思，即要求人们在参禅过程中触类旁通。

⑨**天龙同俱胝并童子与自己一串穿却**：一串穿却，一串子穿起来，一起解决问题。这句是说，如果明了悟处不在指头上，那么学习本公案者（你自己）就与天龙和尚、俱胝和尚以及那位童子并肩而立，获得了同样的、无差别的证悟。

⑩**俱胝钝置老天龙**：俱胝和尚不但因袭其师天龙和尚一指示人之老套子，而且还用刀子割了童子的手指，这是作践了天龙和尚。这句话明贬暗褒。

⑪**利刃单提勘小童**：勘，勘验、检验，指用禅宗的理论判定是非、衡量迷悟。此句语意双关，明讲俱胝和尚手提利刃，用割断童子手指的做法勘验他，实喻俱胝和尚以禅宗的智慧之剑斩断童子的错误观念，使其悟入禅宗法门。

⑫**巨灵抬手无多子**：巨灵，巨灵神、河神；无多子，此处指不费什么气力，轻而易举。巨灵神抬起手掌并不费多少劲，比喻一指启悟的做法很简单，很容易。

⑬**分破华山千万重**：巨灵神抬起手掌虽然不费什么

气力，但是他一掌下去劈开千万重华山却是功效非凡。比喻一指示人的方式虽然极简单，但能启人证悟却是作用极大。巨灵神手劈华山，分出华山与首阳山，使河水从中流过，这是中国古代神话。

译文

每当俱胝和尚遇到参禅人提问，总是只竖起一个手指头应对。后来，有人问随侍他的童子："俱胝和尚所讲禅法的核心是什么？"这位童子也竖起一个手指头表示回答。俱胝和尚知道了这件事，就用刀子割断了童子的指头。童子疼痛难忍，哭叫着离去。这时俱胝和尚又叫童子，当童子回过头来看时，俱胝和尚却竖起一个指头，童子立即领悟了。

俱胝和尚即将离开人世，告诉众位僧人："我获得了天龙老师所传的一指头禅，终生享用不尽！"说完这句话，俱胝和尚就圆寂了。

无门慧开评论："俱胝和尚与那位童子的证悟之处，都不在手指头上。如果在这里看得分明，天龙和尚、俱胝和尚以及那位童子，就都和你自己穿成一串了！"

无门慧开的颂文是：俱胝和尚真是作践了他的师父天龙和尚，居然用利刃断指的手段勘验、启悟童子。巨灵神抬起手掌自然不费什么气力，但他一掌劈开千万重华山却是功效非凡。

4 胡子无须

或庵①曰："西天胡子，因甚无须②？"

无门曰："参须实参，悟须实悟③。者个胡子，直须亲见④一回始得。说'亲见'，早成两个⑤。"颂曰：

> 痴人面前，不可说梦⑥。
> 胡子无须，惺惺添懵⑦。

①或庵：大约是或庵师体（公元一一〇八——一一七九年）禅师，《南宋元明禅林僧宝传》卷二有载。

②西天胡子，因甚无须：这一句是双关语。胡子，

表面指从西天来中土传佛心印的禅宗祖师菩提达磨，他是出家僧人，剃除须发，自然可以说是"无须"。另一层意思，胡子即是须髯，与无须的"须"相同。胡子无须就不是胡子。此类双关语在参禅过程中经常使用，如本书第二十八则《久响龙潭》中的"点心"即是。

③**悟须实悟**：禅宗谈悟最多，为佛教其他派别所不及。大体说来，悟有四个方面的含义或特点，其一，悟是对禅宗教义的认识和理解，这可以称为"解悟"。其二，悟是对明心见性境界的直观体验，这种体验的心理状态不能用语言文字来确切描述，并且只有在排除知性思维之后才能获得，这可以称为"证悟"。第三，悟只能在不受主观意志支配时才能出现。悟是参禅的目标，但这种预设的主观目标是不能在参禅过程中有意识追求的，因为追求悟的心念本身有碍于悟。第四，悟的过程及其悟的境界是无法用语言描述的，但是否证悟又要通过人的一言一行、一举一动表现出来。所以，尽管人的一举一动本身不是悟，但悟道者又必须通过自己的言行来表现自己的悟。根据上下文分析，这里讲的"实悟"侧重指证悟。

④**亲见**：不是指亲自用眼睛看，而是指泯灭主客对立，没有彼此分别的契合。按本公案所用的比喻解释就是：只有在你本身就是"胡子"的时候才能解决胡子有

须无须的问题。

⑤说"**亲见**"，**早成两个**：亲见是无彼无此的体验，但当你说这句话时，已经有一个所指的东西存在，这就有"见"者和被"见"者之分了。

⑥**痴人面前，不可说梦**：梦境是虚妄之事，对痴人说梦境，是妄上加妄。

⑦**胡子无须，惺惺添懵**：惺惺，灵灵不昧、清醒的心理状态；懵，与惺惺相对的暗昧、不清醒的心理状态。讨论胡子为什么无须这个问题，使清醒的人也变糊涂了。强调在问话之外领悟。

译文

或庵师体禅师说："西天胡子，为什么无须？"

无门慧开评论："参禅需要真实参究，悟道需要真实证悟。这个胡子，就需要亲身体验一次才行。但是，当说'亲身体验'这个话时，就意味着有两个方面。"

无门慧开的颂文是：对愚昧无知的人，不能再讲说梦境，讨论胡子无须这个问题，使本来明白的人也变糊涂了。

5　香严上树

　　香严和尚①云："如人上树，口衔树枝，手不攀枝，脚不踏树。树下有人问西来意②。不对③，即违他所问；若对，又丧身失命④。正恁么时，作么生对⑤？"

　　无门曰："纵有悬河之辩，总用不着；说得一大藏教，亦用不着。若向者里对得着⑥，活却从前死路头，死却从前活路头。其或未然，直待当来问弥勒⑦！"颂曰：

　　　　香严真杜撰，恶毒无尽限⑧。
　　　　哑却衲僧口，通身迸鬼眼⑨。

注释

①**香严和尚：**唐代香严智闲禅师，沩山灵祐禅师弟子。曾参南阳慧忠禅师，在芟除草木时，以瓦砾击竹作声而悟，主张"道由悟达，不在语言"。《传灯录》卷十一载此公案，所叙与此稍有差别，其文云："一日，（香严禅师）谓众曰：如人在千尺悬崖，口衔树枝，脚无所踏，手无所攀，忽有人问如何是西来意。若开口答即丧身失命，若不答又违他所问，当怎么时作么生？"

②**问西来意：**问菩提达磨祖师从西天来东土的目的，也就是问禅宗的教理。

③**不对：**不应对，不酬对，即不回答来人的问话。

④**丧身失命：**这是双关语，表面讲开口说话人会掉下去摔死，实际此喻禅宗的教理不是让人讲说的理论，而是自证自悟的实践。

⑤**作么生对：**如何来应对。本则公案流传甚广，汾阳善昭禅师最早为此公案作颂，其文云："香严衔树示多人，要引同袍达本真。拟拟（议）却从言下取，丧身失命数如尘。汾阳为尔开迷路，云散长空日月新。"（《汾阳无德禅师语录》卷中）香严和尚以"衔树"情节教导了许多参禅者，目的是让他们证悟本心佛性。希望通过讨论商量从文字语言中获证悟，丧失佛性慧命的人就很多

了（数如尘）。善昭禅师的颂文主要是揭示本则公案的意旨。《佛果击节录》第七则明确指出了这则公案的特点："立个喻，令人易晓，却倒成难晓。何故？为慈悲深厚，令人转生情解。"这个公案的特点是设喻启发参禅者，目的是让他们容易理解。实际上这反而使人更难明了了，因为人们往往以常情度之，转生义路，与公案的主旨背道而驰。

⑥**若向者里对得着**：如果在这里应对恰当。前文讲"纵有悬河之辩，总用不着"，是说不能以语言应对。这里要求应对恰当、合适，是要求不在对与不对上做文章，超出对与不对的分别，用禅学的观点看待这个难题。《佛果击节录》说："若是顶门上具眼的（指具有禅学眼光者），终不向对与不对处作解会，未举之前，先知落处。"这是理解本则公案的正确途径。

⑦**直待当来问弥勒**：弥勒，菩萨名。据《弥勒上生经》和《弥勒下生经》记载，从佛授记（预言）将来继释迦牟尼佛而成佛。他先佛入灭，上生于兜率天宫，经过大约相当于人间五十六亿七千万年后，下生人间，在华林园龙华树下成佛。由于弥勒下生人间成佛还在遥远的将来，所以，"直待当来问弥勒"意为此人一辈子也不能明心见性。

⑧**香严真杜撰，恶毒无尽限**：杜撰，指香严禅师虚

构"上树"的情景。香严和尚设置了这样一个情景启悟参禅者，手段真是毒辣无比。说明此公案难于理解。

⑨**哑却衲僧口，通身迸鬼眼**：使参禅僧人无法开口说话，不能以语言应答，又处处显示了常人所见不到的本领。

译文

香严智闲禅师说："比如有个人爬上大树，只用嘴叼住树枝，不用手抓树枝，也不用脚踏树枝，身子悬空。这时树下面有人问他菩提达磨祖师从西天来东土做什么？树上的人如果不应答，就有违于树下人的提问；如果应答，他一张嘴就会掉下来摔死。正是在这个时候，怎么应答酬对呢？"

无门慧开评论："即便他能言善辩、口若悬河，也是用不着的；即便他能讲出一大藏佛法来，也是用不着的。如果在这方面应对恰当，从前走不通的死路变成能走通的活路，从前能走通的活路变成走不通的死路。如果不是这样，只好等待遥远的将来去问弥勒佛了。"

无门慧开的颂文是：香严智闲禅师虚构这个情节来教禅，手段真是太毒辣了。他使参禅僧人无言以对，却要显示出无所不见的神通。

6　世尊拈花

世尊①昔在灵山会②上，拈花示众③，是时众皆默然，惟迦叶尊者④破颜微笑。世尊云："吾有正法眼藏⑤，涅槃妙心⑥，实相无相⑦，微妙法门⑧，不立文字，教外别传⑨，付嘱摩诃迦叶⑩。"

无门曰："黄面瞿昙⑪傍若无人，压良为贱，悬羊头卖狗肉⑫，将谓多少奇特。只如当时大众都笑，正法眼藏作么生传？设使迦叶不笑，正法眼藏又作么生传？若道正法眼藏有传授，黄面老子诳呼闾阎；若道无传授，为什么独许迦叶⑬？"颂曰：

拈起花来，尾巴已露⑭；

迦叶破颜，人天罔措。

注释

①**世尊**：梵文意译词，音译"薄伽梵"等，原为印度婆罗门教对长者的尊称，佛教借以尊称释迦牟尼，是佛的十大尊号之一。认为"佛备众德，为世钦重，故名世尊"（《大乘义章》卷二十）。

②**灵山会**：灵山即灵鹫山，也译耆阇崛山等，在古印度摩揭陀国王舍城东北，相传释迦牟尼佛当年曾常住此地说法传教。灵山会即释迦牟尼佛在灵山举行的法会。

③**拈花示众**：或称世尊拈花，这被认为是传佛心印的开端。此公案各灯录均载。

④**迦叶尊者**：摩诃迦叶（大迦叶），佛的十大弟子之一，传为摩揭陀国人，出身婆罗门。各类佛典关于他的记载颇多。禅宗奉他为西天初祖。

⑤**正法眼藏**：又称清净法眼。四字分开来讲解有多种解释，禅宗用以特指其独特的理论。

⑥**涅槃妙心**：涅槃为梵文音译词，也译作泥曰、泥洹等，意译灭、灭度、无为等。佛教各派对涅槃有不同解释，一般都把它作为超脱生死轮回而达到的修行理想境界。妙心指心的灵妙作用不可思议。佛所传的"涅槃

妙心"并非在众生之外另加上的一个精神实体，而是每个人先天具有的、具足一切的觉悟本心。

⑦**实相无相**：实相、无相与真如、真性、实际等概念有相同的含义，指一切现象的真实相状。只有在排除了世俗认识之后，才能把握实相。为世俗认识所把握的对象是假相，与实相相对。这里的实相无相与上句的涅槃妙心含义相同。

⑧**微妙法门**：法门，通过修习佛法而获得成佛解脱的途径或门户。微妙法门指禅宗修行法门的神奇不可思议，不同于禅宗以外佛教各派所奉行的法门。

⑨**不立文字，教外别传**：教是经典。指禅宗不凭借语言、文字、经典，而是别开一路，传佛心印，以心传心。

⑩**付嘱摩诃迦叶**：付嘱，吩咐嘱托。即把上文说的"正法眼藏"传给摩诃迦叶。

⑪**黄面瞿昙**：与下文的"黄面老子"含义相同，指释迦牟尼佛。因佛身为金色，故称黄面，独言黄脸。瞿昙为释迦牟尼的姓氏，是乔答摩的旧译词。

⑫**悬羊头卖狗肉**：这是带有呵佛骂祖意味的语言，与上句"压良为贱"一样。在禅宗僧人应机的禅语中，此类言语很多。佛所传的涅槃妙心即为每个人先天具有的觉悟本心，因此，禅宗讲的传授是无传之传。此处的

"悬羊头卖狗肉"正是要表达这些内容。以下的"作么生传""有传授""无传授"等议论，都是从这个意义上展开的。

⑬独许迦叶：许，允许、认可。唯独认可摩诃迦叶一个人传授正法眼藏。

⑭拈起花来，尾巴已露：传佛心印，以心传心，不但无法用语言文字表达，连任何动作也用不上。此句是强调：世尊拈花的动作也是一种传心的方便施设，并不是要传授的内容。

译文

世尊昔日在灵山法会上，拿起一朵花来让众人看，当时大家都不明白是什么意思，没有人吭声，只有迦叶尊者破颜微笑。世尊说："我有正法眼藏，涅槃妙心，实相无相，微妙法门，不立文字，教外别传，交付给摩诃迦叶。"

无门慧开评论："黄脸瞿昙旁若无人，压良为贱，挂羊头卖狗肉，还以为有多么奇特。如果当时大家都微笑，他的正法眼藏怎么传授？如果当时迦叶尊者不微笑，他的正法眼藏又怎么传授？假若说正法眼藏有传授，黄脸老子欺骗老百姓；假若说正法眼藏没有传授，为什么又只咐嘱了迦叶？"

无门慧开的颂文是：当世尊拿起花来让大家看的时候，他实际上已经露了马脚；当迦叶尊者破颜微笑的时候，人和诸天都搞不清楚是怎么回事。

7 赵州洗钵

赵州^①因僧问："某甲乍入丛林^②，乞师指示。"

州云："吃粥了也未？"

僧云："吃粥了也。"

州云："洗钵盂^③去！"

其僧有省^④。

无门曰："赵州开口见胆，露出心肝^⑤；者僧听事不真，唤钟作瓮^⑥。"颂曰：

> 只为分明极，翻令所得迟^⑦。
>
> 早知灯是火，饭熟已多时^⑧！

①**赵州**：唐代赵州从谂禅师，见《赵州狗子》注①。《传灯录》卷十本传中有此公案。

②**丛林**：佛教寺院。以树木聚集成林为喻，指僧众聚集于寺院，故名。

③**钵盂**：也称钵、应量器等，是僧人的食具，用泥或铁制成。

④**有省**：有所领悟。本则公案也流传较广，天童正觉禅师的颂文说："粥罢令教洗钵去，豁然心地自相符。而今参饱丛林客，且道其间有悟无！"这位刚入禅林的僧人通过"吃粥""洗钵"这样极平常的话语，居然能够彻悟自己的本心佛性，那些久在丛林的参禅人，请问还有能在诸如此类的平常问话中证悟的吗？

⑤**开口见胆，露出心肝**：赵州从谂禅师没有丝毫隐瞒，一张口就说出了心里话，讲出了禅宗的真谛。这是说赵州禅师善于用日常最平凡的话去启悟参学者。

⑥**听事不真，唤钟作瓮**：没有把话听清楚，把"钟"字误听成"瓮"字。这是反语，实为赞扬这位僧人能悟出言外之意，能在似乎完全不相干的话语下彻悟本心。

⑦**只为分明极，翻令所得迟**：只因为分析得太仔细，讲解得太明白，反而有碍于证悟。像"吃粥""洗钵"

之类的话，不必分析推理，不要讲解思考，反而有助于证悟。

⑧**早知灯是火，饭熟已多时**：如果以前明白上述的道理，参禅者大约早已证悟了。本则公案强调人们证悟与引发证悟的对象没有直接关系，并不是只有玄言妙语才能启悟。证悟与否关键在证悟者本人，不在言语本身。

译文

有位僧人问赵州从谂禅师："我刚刚进入禅林，恳请师父指示教诲。"

赵州从谂禅师问："吃过粥饭了没有？"

僧人回答："吃过了。"

赵州从谂禅师说："洗钵盂去吧！"

这位僧人有所省悟。

无门慧开评论："赵州禅师一张口就和盘托出，讲说了终极真理。这位僧人没有把话听清楚，错把'钟'字听成了'瓮'字。"

无门慧开的颂文是：只因为分析讲解得太明白，反而使人们不容易领会、认识和体验。如果早知道灯是火燃的，引此火去做饭，那饭已经煮熟多时了。

8 奚仲造车

原典

月庵和尚①问僧："奚仲造车一百辐，拈却两头②去却轴，明什么边事③？"

无门曰："若也直下明得④，眼似流星，机如掣电。"

颂曰：

> 机轮转处，达者犹迷⑤。
> 四维上下，南北东西⑥。

注释

①**月庵和尚：**月庵善果（公元一〇八九——一一五二年）禅师，开福道宁禅师弟子，信州（江西上饶）人，

俗姓余，曾住持上封、道吾、黄檗、大沩等地。《续传灯录》卷二十九所记本公案与此处叙述稍有出入。"月庵"是禅宗僧人给自己起的"庵堂道号"一类。在宋代以前，禅宗僧人名前多加所居住的地名（只有极个别禅师例外），例如前几则公案中提到的赵州从谂、百丈怀海、香严智闲等，其名前均为地名。更多情况下就只称地名代表禅师，如赵州和尚、百丈和尚、香严和尚等。到了北宋，黄龙慧南的弟子祖心（公元一〇二五——一一〇〇年）首创禅僧用庵堂道号，他个人号"晦堂"。一般说来，只有有影响的禅师才用庵堂道号，但是在晦堂祖心之后，僧人们纷纷仿效，人人要有道号。宋代僧人道融曾批评说："今之兄弟，才入众来，未曾梦见向上一着子，早已各立道号，殊不原其本。"

②**拈却两头**：这是双关语，表面讲车辐的两头，实际比喻是非、善恶、前后、上下等两个极端。下文的"去却轴"也是一样。

③**明什么边事**：根据《续灯录》卷二十九的记载，月庵禅师在讲了上述两句话后，便自己作答，他"以拄杖打一圆相曰：且莫错认定盘星"。打圆相（即画"〇"）的做法来自沩仰宗，仰山慧寂曾说："诸佛密印，岂容言乎？"指禅宗以心传心的法门不能用言语表达。莫错认定盘星，指不要把秤杆上的零星位（起点）错看成所量物

体的重量显示的星位(终点)。通过月庵禅师的自问自答，可以看出他是让人不要执着于公案的字面意思。以下无门禅师的评论大致也是这样的意思。

④**直下明得**：直下，立即、当下、马上，指不经过一般的思维活动，不作分析、推理、分别，直观把握；明得，认识、理解、体验等意思兼有。

⑤**机轮转处，达者犹迷**：机轮指机语酬对如车轮转动；达者犹迷，指所问艰深，不易理解和把握。

⑥**四维上下，南北东西**：指不要执着于问话本身，应从其他方面着眼。本句与"应向一切处着眼"表达的意思相当，只是本句仅列举方位说明问题。

译文

月庵善果禅师问僧人："奚仲造车一百辐，取掉两头再取掉轴，说明哪方面的事？"

无门慧开评论："如果对这件事不加思考当下认识透彻，那他洞察事物就像流星一样迅速，他的机变就像闪电一样敏捷。"

无门慧开的颂文说：当机语脱口而出的时候，让明达的行家也陷入迷惑。不要执着于禅语讲的这一点上，应该从各个方面着眼。

9 大通智胜

原典

　　兴阳让和尚①因僧问："大通智胜佛②十劫坐道场③，佛法不现前，不得成佛道时如何？"

　　让曰："其问甚谛当④。"

　　僧云："既是坐道场，为什么不得成佛道？"

　　让曰："为伊不成佛。"

　　无门曰："只许老胡知，不许老胡会⑤。凡夫若知，即是圣人⑥；圣人若会，即是凡夫⑦。"颂曰：

　　　　了身何似了心休，了得心分身不愁⑧。

　　　　若也身心俱了了，神仙何必更封侯。

注释

①**兴阳让和尚**：郢州兴阳山清让禅师，芭蕉慧清禅师弟子，生平事迹不详。《传灯录》卷十三载本则公案。

②**大通智胜佛**：过去无量无边不可思议阿僧祇劫时的佛，曾化度了像恒河沙粒那样多的众生。《法华经》等经典中有载。

③**十劫坐道场**：劫为梵文音译词"劫波"之略，表示极长久的时间。道场，为梵文意译词，原指佛成道的场所，后来含义较广泛，可以指修行所依据的佛教教法，或指修行佛法的处所。坐道场即指修行佛法。此句是说：修行佛法达十劫之久。

④**谛当**：恰当，合适。

⑤**只许老胡知，不许老胡会**：老胡指释迦牟尼佛。释迦牟尼佛已经成佛，当然知道为什么修行佛道而又不能成佛的原因，但是他不能去体会。因为他如果向外驰求，乞求做佛，他也就不成为佛了。

⑥**凡夫若知，即是圣人**：凡夫如果知道修行佛道而不能成佛的原因，那他就成佛了。因为只有成佛者才能真正知道不能成佛的原因。

⑦**圣人若会，即是凡夫**：佛如果去体会不能成佛的过程，即为外求做佛，就成了凡夫。这句与"只许老胡

知，不许老胡会"表达的意思一致。

⑧**了得心兮身不愁**：成佛是明见本心本性，以心为主，以身为次，所以了达了心就用不着去为身发愁了。

译文

有位僧人问兴阳清让禅师："大通智胜佛坐道场长达十劫，佛法不现前，不能成就佛道，这个时候会怎么样？"

清让禅师说："你问得很恰当。"

僧人又问："既然是坐道场，为什么又不能成就佛道？"

清让禅师回答："因为他没有成佛。"

无门慧开评论："这件事只准释迦牟尼佛知晓，不准他去体会。凡夫如果知晓了就成为圣人，圣人如果去体会就成为凡夫。"

无门慧开的颂文是：了达身体怎么能像了达心那样呢？了达了心就不用为身体发愁了。如果心身都了达了，那就和神仙一样逍遥自在，何必还要去做王侯！

10 清税孤贫

原典

曹山和尚①因僧问云："清税②孤贫，乞师账济！"

山云："税阇梨③！"

税应："诺。"

山曰："青原白家酒④，三盏吃了，犹道未沾唇⑤。"

无门曰："清税输机，是何心行⑥？曹山具眼，深辨来机⑦。然虽如是，且道：那里是税阇梨吃酒处⑧？"颂曰：

贫似范丹，气如项羽⑨。

活计虽无，敢与斗富。

注释

①**曹山和尚**：曹山本寂（公元八四〇—九〇一年）禅师，曹洞宗创立人之一。据《传灯录》卷十七载，俗姓黄，泉州莆田（今福建莆田）人，十九岁出家，二十五岁受戒，师事洞山良价，成为其嗣法弟子。曾住抚州（江西抚州）曹山、荷王（玉）山等。他基本奠定了宋代以前的曹洞宗禅法体系。《传灯录》本传中记录了本则公案，但主要几处与这里的记叙有差别，下面视情况注出。

②**清税**：僧名，《传灯录》作"清锐"，生平事迹不详。

③**阇梨**：梵文音译"阿阇梨"之略，师父之意。

④**青原白家酒**：《传灯录》为泉州白家酒，这种改动表明此句语意双关。泉州是本寂禅师的故乡，若说泉州白家酒，可喻本寂禅师的禅法；若说青原白家酒，可喻青原行思一系的禅法，因为曹洞宗即出自青原系。"白家酒"既可指姓白人家的酒，也可理解为"白吃酒"。

⑤**三盏吃了，犹道未沾唇**：表面讲吃过了酒还说没吃酒，实际讲你(清税)已经领教了我的禅法还浑然不觉。

⑥**清税输机，是何心行**：清税采用诈输求赢、以退为进的方式问话，是什么用心？禅宗倡导人心具足一

切，无欠无缺，这一点僧人清税不会不懂。但他以"孤贫，乞师赈济"来问话，自然是试探本寂禅师。

⑦**曹山具眼，深辨来机：**曹山本寂禅师具有禅学眼力，能够清楚辨别清税问话的含义，知道他不是乞讨什么钱物，而是用以退为进的方式讨论禅学问题。因此，曹山禅师下面以直称其名来作答，意思是：你可以自己赈济自己（自证自悟），别人无物给你。

⑧**那里是税阇梨吃酒处：**意思是：清税师父得到的禅学真谛是什么。

⑨**贫似范丹，气如项羽：**范丹，东汉桓帝时人，因辞官而家徒四壁，一贫如洗，但处之泰然。此句与下文的"活计虽无，敢与斗富"含义大体相同，均指清税僧人机语的特点。

译文

僧人清税对曹山本寂禅师说："清税贫寒无依，乞求师父救济！"

本寂禅师叫："税阇梨！"

僧人清税应答："诺。"

本寂禅师说："青原白家的酒吃了三杯，居然还说酒未沾唇。"

无门慧开评论："僧人清税的问话以退为进，是什么用心？曹山本寂禅师具有禅学眼光，很清楚问话的含义。情况虽然是这样，你且说，哪里是清税阇梨吃酒的地方？"

无门慧开的颂文是：家徒四壁贫穷似范丹，气势宏大恰如霸王项羽。尽管生活尚无着落，却敢于和别人比富贵。

11　州勘庵主

赵州^①到一庵主^②处，问："有么？有么？"

主竖起拳头。

州云："水浅，不是泊船处！"便行。

又到一庵主处，云："有么？有么^③？"

主亦竖起拳头。

州云："能纵能夺，能杀能活^④！"便作礼。

无门曰："一般竖起拳头，为什么肯一个，不肯一个？且道：讹讹在甚处？若向者里下得一转语，便见赵州舌头无骨，扶起放倒，得大自在。虽然如是，争奈赵州却被二庵主勘破。若道二庵主有优劣，未具参学眼；若道无优劣，亦未具参学眼。"颂曰：

眼流星，机掣电，

杀人刀，活人剑⑤。

注释

①**赵州**：赵州从谂禅师。《传灯录》卷十本传中无此公案。

②**庵主**：原本兼指僧主和尼主，后专为尼主之称。

③**有么**：从整个公案及无门禅师的评论看，具体问什么无法判断，可按机语理解。

④**能纵能夺，能杀能活**：纵，放、许可、肯定；夺，收、不许可、否定；杀，消除错误心念；活，启发证悟智慧。纵、夺、杀、活是教禅的不同方式，根据参学者的具体情况而灵活使用，两两相对。实际上，这也是对两位庵主以同样方式应对同一问题采取不同手段的总结，对一位是夺、杀，对另一位是纵、活。以下无门禅师的评论也是从这方面展开。

⑤**杀人刀，活人剑**：对一位庵主采取的是"杀"，对另一位庵主采取的是"活"。本则公案强调赵州禅师灵活施教，既有斩断错误心念的利刀，又有启发智慧的宝剑。

赵州从谂禅师来到一位庵主处所，问："有吗？有吗？"

庵主竖起拳头应对。

赵州禅师说："水浅，不是停船处！"说完就走了。

赵州禅师又来到一位庵主处所，问："有吗？有吗？"

这位庵主也是竖起拳头应对。

赵州禅师说："能纵能夺，能杀能活！"就向庵主行礼。

无门慧开评论："两位庵主同样竖起拳头应对，为什么赵州禅师认可一位，不认可另一位？你且说：差错出在什么地方？如果在这里说出一句驱迷启悟的机语，就看出赵州禅师能言善辩，颠来倒去，自由自在。尽管情况如此，无奈赵州禅师却被两位庵主看穿。如果说两位庵主见地有优劣，那是没有禅学眼光；如果说两位庵主见地没有优劣，也是没有禅学眼光。"

无门慧开的颂文是：眼光快似流星，机锋迅如闪电。既有斩断错误认识的利刀，又有启发智慧的宝剑。

12　岩唤主人

原典

瑞岩彦和尚①每日自唤："主人公②！"复自应："喏！"
乃云："惺惺着③！""喏！""他时异日莫受人瞒！""喏！
喏！"

无门曰："瑞岩老子自买自卖，弄出许多神头鬼
面④。何故聻？一个唤底，一个应底，一个惺惺底，一个
不受人瞒底。认着依前还不是。若也效他，总是野狐见
解⑤。"颂曰：

> 学道之人不识真⑥，只为从前认识神⑦。
>
> 无量劫来生死本⑧，痴人⑨唤作本来人。

注释

①**瑞岩彦和尚**：台州（浙江临海）瑞岩师彦禅师，岩头全豁禅师弟子，生卒年不详，俗姓许，传有许多灵异事迹。

②**主人公**：当家做主的人。这里的"主人公"也就是下文的"本来人"，指人的本心本性（真性）、人的本来面目。

③**惺惺着**：提醒警觉语，保持清醒，保持灵然不昧的状态。

④**神头鬼面**：犹言装神弄鬼，指瑞岩禅师的自叫自应。

⑤**野狐见解**：指错误的见解。禅宗典籍中讲的野狐禅、野狐见解等可能与《百丈野狐》公案所记的内容有关，待考。

⑥**学道之人不识真**：学道之人，指参禅学道、修习禅宗法门者。真，真性，人的本心本性、本来面目。也就是公案中比喻的"主人公"，下面颂文中说的"本来人"。

⑦**只为从前认识神**：识神，也称识，在佛教各种典籍中有不同的分类和定义，这里可简单理解为一切精神现象，与唯识无境中的识相同。认识神在这里指错把"识神"认为是真性。

⑧**无量劫来生死本**：劫见《大通智胜》注③。无量劫即不可计量的那么多劫，指时间长久得无法计算。生死本，指识神是导致生死轮回的根本。那么要超脱生死轮回，就是要认识自己的本来面目，改正认"识神"是"本来人"的错误。

⑨**痴人**：不懂佛法的愚昧无知的人。

译文

瑞岩师彦禅师每天自己呼唤："主人公！"然后再自己回答："诺！"接着说："保持清醒啊！"又自己回答："诺！"又说："以后不要被别人欺骗蒙蔽！"最后自己连声回答："诺！诺！"

无门慧开评论："瑞岩师彦老和尚自己把自己卖出去，又自己把自己买回来，做出这么多装神弄鬼的事情来。这是什么原因呢？一个是呼唤的，一个是应答的；一个是灵然不昧的，一个是不受人欺瞒的。认识到前面那个也还不对！如果你要仿效他，始终是错误见解。"

无门慧开的颂文是：学道的人不认识自己的真性，都是因为以前把识神当成了真性。识神原是无量劫以来导致生死轮回的根本原因，愚昧无知的人却把它称之为"本来人"。

13　德山托钵

原典

德山①一日托钵下堂，见雪峰②，问："者老汉，钟未鸣，鼓未响③，托钵向甚处去？"山便回方丈④。

峰举似⑤岩头⑥，头云："大小德山⑦未会末后句⑧！"

山闻，令侍者唤岩头来，问曰："汝不肯老僧那？"岩头密启其意，山乃休去。

明日升座⑨，果与寻常不同⑩。岩头至僧堂前，拊掌大笑云："且喜得老汉会末后句，他后天下人不奈伊何⑪！"

无门曰："若是末后句，岩头、德山俱未梦见在。检点将来⑫，好似一棚傀儡。"颂曰：

识得最初句，便会末后句[13]。

末后与最初，不是者一句[14]。

注释

①**德山**：德山宣鉴（公元七八二—八六五年），龙潭崇信弟子。俗姓周，剑南西川（四川成都）人，曾居朗州的德山。宣鉴禅师主张无心无事、离念去情。他在接机过程中惯用打、喝的方式，其禅风与临济义玄禅师类似，所以到宋代有"德山棒，临济喝"之说。宣鉴禅师常为僧众讲《金刚般若》，时称"周金刚"。关于他的言行事迹流传较多。本则公案《传灯录·岩头全豁》中有记载。

②**雪峰**：雪峰义存（公元八二二—九〇八年）禅师，德山宣鉴弟子，泉州南安县人，俗姓曾。年十二游莆田玉润寺，出家为童子，十七落发。会昌毁佛时，乃儒冠束发。至唐宣宗佛教复兴，巡游各地，遍访著名禅师。后住象骨山，起名雪峰，传禅授徒，学众常年不减一千五百人，促进了禅宗在福建一带的兴盛。

③**钟未鸣，鼓未响**：寺院中晨昏击钟，令众人早起晚睡。击鼓用于做法事时集合众人。此句在这里表达"并没有什么事"的意思，因为宣鉴禅师经常告知众人"汝但无事于心，无心于事，乃虚而妙全"。义存禅师以此句

问话，实际上是陈述其师的禅法思想。

④**方丈**：禅宗寺院中住持的住所。

⑤**举似**：把以前的事告诉别人。

⑥**岩头**：岩头全豁禅师（公元八二六—八八七年），德山宣鉴弟子。俗姓柯，泉州南安县人，早年研究经律诸部，曾参洞山良价，转依德山宣鉴，几年后移至洞庭卧龙山，后又居鄂州唐年县岩头。

⑦**大小德山**：犹言德山师徒，这里指宣鉴禅师和义存禅师。

⑧**未会末后句**：末后句，相当于指能够包括禅宗全部真理的话。《碧岩集》说：末后句就是"到大悟彻底之极处，吐至极之语，此处锁断凡圣，不容通过"。禅宗的"大悟彻底之极处"实际上是无法用语言表述的，所以，作为至极之语的末后句实际上是无言。"末后句"是与下文的"最初句"对举的，可以简单理解为至极之语和浅显之语。未会末后句表面意思是没有理解至极之语，实际是说没有彻底大悟。

⑨**升座**：登上讲堂说法。

⑩**果与寻常不同**：指德山宣鉴禅师的神情状态与平时不一样。

⑪**他后天下人不奈伊何**：日后所有的人都拿你没有办法。指德山宣鉴禅师在禅学上不会输于任何禅者。《传

灯录》卷十六《全豁禅师》中记录此则公案，在此句之后还有一句："然虽如此，也只得三年。"德山宣鉴禅师果然在此后三年示寂，所以有人把这一情况看成是本则公案的一个重点。宋人张商英对本则公案的颂文是："鼓寂钟停托钵回，岩头一拶语如雷。果然只得三年活，莫是遭他授记来。"无门慧开选本则公案时删掉了这一句，使公案所要表达的中心思想突出了。

⑫**检点将来**：指用禅宗的理论来考察、检查、审视。

⑬**识得最初句，便会末后句**：表明所谓至极之语就存在于浅显之语中，并不是抛开浅显之语还另有至极之语。

⑭**末后与最初，不是者一句**：无论是"末后句"还是"最初句"都不是你说的这一句。表明禅宗的彻悟境界是不能以文字语言确切描述的。

译文

有一天，德山宣鉴禅师拿着钵盂走下讲堂，碰见弟子雪峰义存禅师。义存禅师问："这个老汉，钟未鸣，鼓未响，拿着钵盂到什么地方去？"宣鉴禅师没有说话就回到了方丈。

雪峰把这件事告诉了岩头全豁禅师，全豁禅师说：

"德山宣鉴师徒都没有理解至极之语！"

德山宣鉴知道了这件事，命侍者把岩头全豁找来，问："你不认可我的见解吗？"全豁禅师详细陈述了自己的思想，宣鉴禅师才罢休。

第二天登讲座谈禅说法时，果然神态与平时不同。全豁禅师走到僧堂前面，拍手大笑着说："可喜这老汉理解了至极之语，日后天下人对他无可奈何！"

无门慧开评论："如果说到至极之语，岩头全豁和德山宣鉴都根本没梦见。从禅的角度观察，这群人好像一堆演戏的木偶人。"

无门慧开的颂文是：如果认识了浅显之语，也就理解了至极之语。所谓浅显之语和至极之语，都不是这一句话。

14 南泉斩猫

原典

南泉和尚①因东西两堂②争猫儿，乃提起云："大众，道得即救，道不得即斩却也。"众无对，泉遂斩之。

晚，赵州③外归，泉举似④州，州乃脱履，安头上而出。泉云："子若在，即救得猫儿⑤！"

无门曰："且道：赵州顶草鞋意作么生⑥？若向者里下得一转语，便见南泉令不虚行；其或未然，险！"颂曰：

> 赵州若在，倒行此令；
> 夺却刀子，南泉乞命⑦。

注释

①**南泉和尚**：池州（安徽贵池）南泉山普愿（公元七四八—八三四年）禅师，河南新郑人，俗姓王。至德二年（公元七五七年）投密县大隗山大慧禅师受业，大历十二年（公元七七七年），诣嵩岳会善寺嵩律师受具足戒。研习多部经、律、论，后到马祖道一禅师门下。贞元十一年（公元七九五年），上池州南泉山，一住三十年。他提出的"心不是佛，智不是道"，首创的"向异类行"，发挥的"平常心是道"等，都是极有名的禅学命题。从《祖堂集》之后的禅史中，都载有他的传记和语录。本书中以南泉禅师为主的公案还有《平常是道》《不是心佛》《智不是道》。

②**东西两堂**：禅林中称本寺前住僧人为东堂，别寺退隐僧人住于本寺为西堂，东堂为主，西堂为宾。

③**赵州**：赵州从谂禅师。见《赵州狗子》注①。

④**举似**：同举示，告诉别人以前发生的事情或情况。

⑤**子若在，即救得猫儿**：这是南泉禅师对弟子赵州禅师头顶草鞋应对方式的肯定。这则公案流传很广，最早为本公案作颂的是汾阳善昭，其颂是："两堂上座未开盲，猫儿各有我须争。一刀两段南泉手，草鞋留着后人行。"这是说：相互争夺猫儿的东西两堂僧人都没有禅学

眼光（未开盲），南泉禅师把猫儿一刀两段是启示他们悟禅。"草鞋留着后人行"请见注⑥。

⑥**赵州顶草鞋意作么生**：据《碧岩录》第六十三则和六十四则，人们对此曾有不少解释。有人说：赵州禅师是把草鞋权当成猫儿，头顶而去就是救了猫儿；还有人说：赵州等南泉禅师说"道得即不斩"这句话时，就顶着草鞋出去，表示南泉斩猫与他没有关系。克勤禅师认为，这些解释都不对。赵州顶草鞋出去，表明他"参活句不参死句"，不在斩猫这件事情上纠缠，而要在这件事之外领悟禅理。克勤认为，南泉斩猫，"只要教人自荐，各各自用自知"。因此，赵州顶草鞋的意旨，也就是南泉斩猫这件事的意旨，都是启示人们自证自悟。雪窦重显对此事的颂文是："公案圆来问赵州，长安城里任闲游。草鞋头戴无人会，归到家山即便休。"

⑦**南泉乞命**：无门慧开禅师的四句颂文，主要讲对南泉斩猫的应机作略如何应对，即"倒行此令"，把南泉的命令倒过来执行。这与善昭和重显两禅师颂文的侧重点是不相同的，有所发展。

译文

南泉普愿禅师因为东西两堂僧人争夺一只猫，就把那只猫儿提起来说："诸位，如果你们能说到点子上，我就不杀这只猫；如果你们说不到点子上，我立即把它斩杀。"众人不能应对，南泉禅师就把猫斩了。

到了晚上，赵州从谂禅师从外面归来，南泉禅师就把白天发生的事告诉了赵州禅师。赵州禅师听罢就脱下鞋，放在头上走出去。南泉禅师说："当时如果你在场，就把猫儿救了！"

无门慧开评论："你且说，赵州禅师把草鞋顶在头上是什么意思？如果向这方面说出一句能够驱迷启悟的话，就能看到南泉禅师令不虚行；如果不是这样的话，危险啊！"

无门慧开的颂文是：如果赵州从谂禅师当时在场的话，就把这项命令倒过来执行：上去把刀子夺过来，那么，南泉禅师不仅不能斩杀猫儿，而且还得乞求饶命。

15 洞山三顿

云门^①因洞山^②参次，门问曰："近离甚处^③？"

山云："查渡^④。"

门曰："夏在甚处^⑤？"

山云："湖南报慈。"

门曰："几时离彼？"

山云："八月二十五。"

门曰："放汝三顿棒^⑥！"

山至明日却上问讯^⑦："昨日蒙和尚放三顿棒，不知过在什么处？"

门曰："饭袋子，江西湖南便恁么去^⑧！"

山于此大悟。

无门曰："云门当时便与本分草料⑨，使洞山别有生机一路，家门不致寂寥⑩。一夜在是非海里着到，直待天明再来，又与他注破⑪，洞山直下悟去，未是性燥。且问诸人：洞山三顿棒合吃不合吃？若道合吃，草木丛林皆合吃棒；若道不合吃，云门又成诳语。向者里明得，方与洞山出一口气⑫。"颂曰：

> 狮子教儿迷子诀，拟前跳踯早翻身。
>
> 无端再叙当头着，前箭犹轻后箭深⑬。

注释

①**云门**：云门文偃（公元八六四—九四九年）禅师，俗姓张，苏州嘉兴（今浙江嘉兴）人，童年出家于本地空王寺，具戒于常州戒坛，初习小乘，次通中道，至睦州（浙江建德东）随道踪禅师（即陈和尚），经数载入闽礼雪峰义存，成为其嗣法弟子。义存逝后，又曾参韶州灵树如敏，追随八年。九二三年领众开云门山，创云门宗。弟子百余人，上足门人四十余。云门的禅学思想后被归纳为三句话："函盖乾坤，截断众流，随波逐浪。"本则公案在《传灯录》卷二十三《洞山守初崇慧大师》条载。

②**洞山**：洞山守初禅师（公元九一〇—九九〇年），云门文偃弟子。著有《洞山守初禅师语要》一卷，收于《卍

续藏》第一一八册（《古尊宿语录》卷三十八）。

③**近离甚处**：最近离开什么地方，即问从哪里来。

④**查渡**：大约是江西某地名。

⑤**夏在甚处**：夏安居在什么地方度过。夏安居指在一段时期内禁止僧尼外出，于寺内坐禅修学，接受供养。此制来自印度佛教。我国的安居期在阴历四月十六日至七月十五日。

⑥**放汝三顿棒**：让你吃三顿棒。"棒"是接机方式，并不一定是用棒敲打，说出来也算。对于这"三顿棒"，历来有不同解释。有僧人认为，云门文偃禅师的三句问话，即近离甚处、夏在甚处、几时离彼，就是三顿棒。《佛果击节录》第三十八则说，这种见解属于"情解"，是自立规矩，是错误的。本公案的主旨，是"令教洒洒落落，个个做无事道人去"。

⑦**问讯**：僧尼与他人应酬时合十相呼，也称打问讯。此是问候的意思。

⑧**江西湖南便怎么去**：从江西到湖南，就这样糊里糊涂地走过去了。

⑨**本分草料**：本分，应该得到的一份，应该具有的一份；草料，牛、羊等的食料。这里指禅师启悟参学者应该使用的手段，也就是被启悟者应该得到的东西。

⑩**家门不致寂寥**：云门宗兴盛于五代、北宋，至北

宋末年衰落。无门慧开禅师是南宋时人，故有此说。

⑪**注破**：说破，解释清楚。

⑫**与洞山出一口气**：比喻和洞山守初禅师获得同样的大悟。

⑬**前箭犹轻后箭深**：指文偃与守初的第一番问话没能使守初省悟，第二番的问答才使守初彻悟。

译文

云门文偃禅师因为洞山守初禅师参禅，便问："最近离开什么地方？"

洞山守初回答："查渡。"

云门文偃又问："夏安居在什么地方？"

洞山守初回答："湖南报慈。"

云门文偃接着问："什么时候离开那里？"

洞山守初回答："八月二十五日。"

云门文偃说："让你吃三顿棒！"

第二天，洞山守初前来问候，问："昨天承蒙和尚让我吃三顿棒，不知道我的过错在什么地方？"

云门文偃说："饭袋子，从江西到湖南，就这么走了！"

洞山守初即于此言下大悟。

无门慧开评论："文偃禅师当时采用应有的手段，使洞山守初另有一条生路，门庭也不致冷落。洞山守初在是非海里折腾了一晚上，直到第二天又来问，文偃禅师再给他解释清楚，洞山守初就是当下大彻大悟，也算不得性情急躁。试问诸位：洞山守初该不该吃三顿棒？如果说该吃，那么草木都该吃棒；如果说不该吃，那么云门文偃说骗人的话。如果向这方面明了了，才能和洞山守初同出一口气。"

　　无门慧开的颂文是：母狮子教小狮子的防身本领，打算往前跳的时候还要早点准备翻身回避。无缘无故又被射中一箭，这后一箭要比前一箭更厉害。

16　钟声七条

原典

云门①曰："世界恁么广阔，因甚向钟声里披七条②？"

无门曰："大凡参禅学道，切忌随声逐色③。纵使闻声悟道，见色明心④，也是寻常。殊不知，衲僧家⑤骑声盖色⑥，头头上明，着着上妙⑦。然虽如是，且道：声来耳畔？耳往声边？直饶响寂双亡⑧，到此如何话会⑨？若将耳听应难会⑩，眼处闻声方始亲⑪。"颂曰：

　　会则事同一家，不会万别千差。

　　不会事同一家，会则万别千差。

注释

①**云门**：云门文偃禅师，见《洞山三顿》注①。

②**向钟声里披七条**：七条，七条袈裟、七条衣，用七条布缝制的袈裟，属于僧人的三种衣服中的"中衣"。七条袈裟是在礼诵、听法、布萨时才穿的，这里用"披七条"来代表做佛事，从事佛教的修行活动。本句的意思是：为什么要听见钟声才去做佛事，去修行佛道？其中暗含的另一层意思是：这不是为声音所驱使了吗？这不是追逐了声音吗？下文无门慧开禅师对本则公案的评述，就是围绕如何对待声与色展开的。

③**切忌随声逐色**：千万不要追逐声色，为声音和色相所驱使。这句点明，公案中讲的向钟声里披七条，并不是随声逐色。

④**闻声悟道，见色明心**：听见声音而彻悟禅道，看见色相而明心见性，声和色只是启悟的手段，不是参禅人追逐的修行目的。所以，即便是闻声悟道，见色明心，也是平常事，也不能成为参禅者要"随声逐色"的理由。

⑤**衲僧家**：衲，僧衣，借为僧侣的自称或代称，如老衲、衲子。衲僧家即僧人，这里指参禅学道的僧人。

⑥**骑声盖色**：与"随声逐色"相反，指驾驭声音、色相。

⑦**头头上明，着着上妙**：要在一事一物上证悟理体，明见妙用。这就不是"随声逐色"所能达到的，只有"骑声盖色"才能获得。

⑧**响寂双亡**：响，有声，是动的结果；寂，无声，是静的结果。响寂双亡，动和静都没有了。这里是强调超越动和静、有声和无声的差别。

⑨**到此如何话会**：到此，即"响寂双亡"的时候。在动静都没有时，怎样通过言语讨论来领会？这是说，动静俱亡的状态是无法用语言来描述的。

⑩**若将耳听应难会**：用耳听声，正如上文所问"声来耳畔？耳往声边？"还有动和静、听者和被听者的区别，自然难以体会"响寂双亡"的状态。

⑪**眼处闻声方始亲**：眼的认识对象不是声，用眼睛听声音就没有动和静、认识主体和认识客体的划分，是不分彼此的直接契合。这是强调要超越两极对立去直接证悟本心佛性。眼听声、耳见色，也就是"骑声盖色"的意思。

译文

云门文偃禅师说："世界这么广阔，为什么要在钟声里披上七条袈裟？"

无门慧开评论："凡是参禅学道的人，千万不要追逐声音、色相。即便是听到声音悟道，看见色相明心，也属于平常事。岂不知，僧人要驾驭声色，在一事一物上证悟理体，明见妙用。情况虽然如此，你且说：是声音传到了耳边？还是耳朵追逐了声音？就算是动静都没有了，至此又怎样通过言语讨论来体会？如果用耳朵听声终究难以体会，只有眼睛听声音才能无彼无此体会。"

　　无门慧开的颂文是：如果是眼见色、耳听声，那么体会了就事事明白，不去体会就事事不清楚，这是凡人的境界。如果是耳见色、眼听声，那么不去体会就事事明白，去体会就事事不清楚，这是圣人的境界。

17　国师三唤

国师①三唤侍者，侍者三应。国师云："将谓吾辜负汝，元来却是汝辜负吾。"

无门曰："国师三唤，舌头堕地②；侍者三应，和光吐出③。国师年老心孤，按牛头吃草；侍者未肯承当，美食不中饱人餐。且道：那里是他辜负处？国清才子贵，家富小儿娇④。"颂曰：

铁枷无孔要人担，累及儿孙不等闲⑤。
欲得撑门并拄户，更须赤脚上刀山⑥。

注释

①**国师**：南阳慧忠国师（公元？—七七五年），越州诸暨（今浙江诸暨）人，俗姓冉，六祖惠能弟子。他曾居南阳白崖山（河南淅川县东）的党子谷四十余年。他提出的"一切无情皆是佛心"，影响很大；主张"无心可用"也颇有特色。本则公案《传灯录》卷五有载。

②**舌头堕地**：这里讲慧忠国师三唤侍者不适当，有差错。与下文"按牛头吃草"对照，实指他以三唤勘验侍者，用心良苦。

③**和光吐出**：说话时嘴里放出光明来，喻所说的话是真理。这里指侍者三次答应是恰当的。与下文"美食不中饱人餐"对照，认为侍者还应参学。

④**国清才子贵，家富小儿娇**：慧忠国师是六祖惠能弟子，那个时代是禅学兴盛时代，这里以国清、家富比喻。当时的禅师是大家高手，出其门下的侍者禅学修养也不一般，故以才子贵、小儿娇比喻。

⑤**铁枷无孔要人担，累及儿孙不等闲**：铁枷无孔即无孔的铁枷，比喻慧忠国师的三唤侍者。这句是说，慧忠国师以"三唤"勘验，实在不容易应对，但侍者以"三应"来对，足见不是等闲之辈。

⑥**欲得撑门并挂户，更须赤脚上刀山**：要想支撑禅

门，光担无孔铁枷还不行，还要赤脚上刀山。所以，慧忠国师既先讲个"吾辜负汝"，即对侍者"三应"肯定，又加上"却是汝辜负吾"。对这个公案的解释历来有多种，此处以无门慧开的评论为依据。

译文

慧忠国师三次叫侍者，侍者答应了三次。慧忠国师说："本以为我辜负了你，原来却是你辜负了我。"

无门慧开评论："慧忠国师呼唤三次，实际上已是出了差错；侍者应答了三次，每一次都道出了真理。慧忠国师年老心孤，强按着牛头让牛吃草；侍者根本不愿领会，就像饱腹人觉得美味佳肴也不合口。你试说：那个辜负之处何在？国家太平的时候才子最受重用，家境富裕的时候小儿易被娇惯。"

无门慧开的颂文是：让儿孙们担起无孔铁枷已是很不简单，够难为人了，但是日后指望着他们支撑门户，所以还必须进行赤脚上刀山式的锻炼。

18　洞山三斤

洞山和尚^①因僧问："如何是佛？"

山云："麻三斤^②。"

无门曰："洞山老人参得些蚌蛤禅^③，才开两片，露出肝肠。然虽如是，且道：向甚处见洞山^④？"颂曰：

> 突出麻三斤，言亲意更亲^⑤。
>
> 来说是非者，便是是非人^⑥！

注释

①**洞山和尚：**洞山良价（公元八〇七—八六九年）禅师，越州诸暨（浙江诸暨）人，俗姓俞，于本村寺院

出家，学念《心经》，到婺州（浙江金华）五世山剃度，年二十至嵩山具戒，随之游方。首参南泉普愿，最后投于云岩昙晟门下。初居新丰山，后转豫章高安（江西高安）洞山，聚众五百，成为曹洞宗创立者之一。

②**麻三斤**：这则公案流传颇广，解释的人也很多，《碧岩集》第十二则提供了不少资料。首先，"如何是佛"是参禅过程中经常提的问话，对此问话有不同的答语，如殿里底、三十二相、杖林山下竹筋鞭等等，它们的机用都和"麻三斤"相同。其次，关于洞山良价以"麻三斤"回答"如何是佛"的提问，也有各种解释。有人说，当时洞山和尚正在库里称麻，听见有僧人问，就随口这样回答；有人说，洞山和尚这是问东答西；有的说，你就是佛，还去问佛，所以洞山和尚绕路答之；更有人说："只这麻三斤便是佛。"克勤禅师认为，僧人们如果这样去理解洞山良价和尚的答话，就是"参到弥勒佛下生，也未梦见在"。

③**蚌蛤禅**：喻其应机谈禅直截了当，刚一开口说话，就道出了全部真理，毫无保留。下文的"才开两片，露出肝肠"即是对这种禅风的形容。

④**向甚处见洞山**：即如何理解洞山良价禅师答话的意旨，也就是如何理解本则公案。克勤禅师认为，这则公案有许多人错误理解了，原因在于本则公案"难咬嚼"

（难理解）。它用"麻三斤"这样"淡而无味"的话回答"如何是佛"的问题，是让人们知道言语只是载道之器，不能不知古人意而仅仅从文句中求解。只要人们扫除情解，你但打叠得情尘、意想、计较、得失、是非一时净尽，自然会去（自然就领悟了）。也就是说，用"麻三斤"回答"如何是佛"的提问，是启发人们扫除以常情卜度，不要向外或向内追求佛，探讨佛是什么或佛怎么样，而要领悟不可言传的言外之旨，去自证自悟佛的境界，也就是证悟自己的本心本性。

⑤**突出麻三斤，言亲意更亲**：特别用"麻三斤"回答"如何是佛"的提问，不但用词亲切，里面包含的意思更亲切。此句在说明不要从文字本身去求解。"麻三斤"作为应机启悟的答话是亲切的，但其字面含义并不是对"佛"的定义。

⑥**来说是非者，便是是非人**：用"麻三斤"回答"如何是佛"的提问，本身是没有是非的，因为"麻三斤"这个断流语就是要消除人们的是非之心。如果还要在这个问题上讨论是非，那他就是个"是非人"。是非人也就是没有理解这则公案的人，没有证悟的人。

译文

有位参禅僧人问洞山良价禅师："佛是怎么样的？"

良价禅师回答："麻三斤。"

无门慧开评论："洞山良价老人家的禅法应该叫作蚌蛤禅，那两片介壳刚一张开，就露出了肝肠。情况虽然是这样，你试说：到什么地方去领悟洞山禅师的意旨？"

无门慧开的颂文是：特别提出了个"麻三斤"，那语言亲切意思更亲切。如果还有人来论长论短说是非，那他本人就是个是非人！

19　平常是道

南泉①因赵州②问：“如何是道？”

泉云：“平常心是道③。”

州云：“还可趣向否④？”

泉云：“拟向即乖⑤。”

州云：“不拟，争知是道？”

泉云：“道不属知⑥，不属不知；知是妄觉，不知是无记⑦。若真达不拟之道，犹如太虚，廓然洞豁，岂可强是非也⑧？”州于言下顿悟。

无门曰：“南泉被赵州发问，直得瓦解冰消，分疏不下⑨。赵州纵饶悟去⑩，更参三十年始得⑪。”颂曰：

春有百花秋有月，夏有凉风冬有雪。

若无闲事挂心头，便是人间好时节⑫。

注释

①**南泉**：南泉普愿禅师，见《南泉斩猫》注①。

②**赵州**：赵州从谂禅师，见《赵州狗子》注①。

③**平常心是道**："道"是绝对永恒的，相当于绝对真理，所谓"大道无形，真理无对，等空不动，非生死流，三世不摄"。它是至高无上的本体。"平常心"是人的精神主体，《道一禅师广录》中有一段著名解释："平常心无造作，无是非，无取舍，不断常，无凡无圣……只如今行住坐卧、应机接物尽是道。"对一切不作有意识的分辨，率性而行，自然任运就是平常心的体现，也就是符合于道。以下的问答，对道作了进一步说明。

④**还可趣向否**：此道是否可以趋向。实际上是讲人是否可以从主观上去追求道。

⑤**拟向即乖**：拟向，起心动念。如果主观上追求此道，正好与道相违背。

⑥**道不属知**：道不能为一般的认识活动把握。因为一般认识活动（知）是名言分别。

⑦**不知是无记**：无记，不可判断，如对宗教道德的

判断上不可断为善，也不可断为恶。既然"道不属知，不属不知"，那么与道等同的平常心就是不可是非、不可规定的精神主体。

⑧**犹如太虚，廓然洞豁，岂可强是非也**：太虚能容纳万有，豁然不相妨碍，能够适应一切变化，所以也就没有是与非可言。以上整个是对道的说明，同时也是对平常心的说明。道是不可拟向的，不属知、不属无知的，是犹如太虚的，是不可是非的，那么，要真正会道，真正获得平常心，就是无心，心如木石。这是在南泉普愿禅师语录中强调的，并且也是为日后一切南宗僧人所承认的。

⑨**分疏不下**：辩解不清楚。这是反语，因为赵州从谂正是在这种"分疏"下顿悟的。

⑩**纵饶悟去**：即便是悟了，就算是悟了。

⑪**更参三十年始得**：强调保持"平常心"，"会道"需要长期的修行实践。

⑫**便是人间好时节**：这首颂是对平常心是道的正面表述。无闲事挂心头正是平常心的体现，人间好时节正是会道的境界。

译文

赵州从谂问南泉普愿禅师："怎么样是道？"

南泉普愿回答："平常心是道。"

赵州从谂问："还可以从主观上追求此道吗？"

南泉普愿回答："如果追求此道，就违背了此道。"

赵州从谂问："不追求，怎么知道这个道？"

南泉普愿回答："道不属于知见，也不属于不知见；知见是妄觉，不知是对或善或不善不作判断。如果要真正了达这个不可以求的道，就好像虚空一样广大豁然，怎么可能强有是与非呢？"赵州从谂闻言而悟。

无门慧开评论："南泉禅师被赵州禅师这么一提问，简直毫无办法，无法辩解清楚。赵州禅师即便当下彻悟了，还得再参禅学道三十年才行。"

无门慧开的颂文是：春天有百花盛开，秋天有皓月当空；夏天有凉风拂面，冬天有瑞雪纷飞。如果心中不牵挂闲杂事，那正是人间的好时节。

20 大力量人

松源和尚^①云："大力量人因甚抬脚不起？"又云："开口不在舌头上^②。"

无门曰："松源可谓倾肠倒腹^③，只是欠人承当。纵饶直下承当，正好来无门处吃痛棒^④。何故聻？要识真金火里看^⑤！"颂曰：

抬脚踏翻香水海^⑥，低头俯视四禅天^⑦。

一个浑身无处着^⑧，请续一句^⑨。

注释

①**松源和尚**：松源崇岳禅师（公元一一三二——二

〇二年)，密庵咸杰弟子，早年出家，参访过多位著名禅师，在"不是心，不是佛，不是物"一句下证悟。住持过多处寺院，晚年住持杭州灵隐寺。

②**开口不在舌头上**：开口说的话与舌头没有关系。

③**倾肠倒腹**：指说话毫无保留，把一切都讲出来。这是就松源禅师的上述两句话而言。

④**正好来无门处吃痛棒**：即便有人能够应对松源禅师的那两句话，我还不认为他已经彻悟了，还要对他施以棒打勘验。

⑤**要识真金火里看**：因为能够应对松源禅师的那两句话还看不出来是否真正证悟，就像真金只能在烈火中检验一样，看此人是否证悟还要以我的痛棒来验别。

⑥**抬脚踏翻香水海**：香水海，佛教经典中描绘的围绕须弥山的大海，因其中皆为香水，故名。香水海有部派佛教典籍描述的娑婆世界香水海，有大乘佛教经典《华严经》描述的莲花藏世界香水海，都是硕大无比。此"人"能踏翻香水海，喻其力量之大。

⑦**低头俯视四禅天**：四禅天也称四静虑天，是修习四禅者转生的色界四天处，初禅天、二禅天、三禅天、四禅天，各种境界不同，每一禅天又包括若干天，这句喻此"人"在四禅天之上，须低头才见四禅天。

⑧**一个浑身无处着**：此"人"能踏翻香水海，俯视

四禅天，但他的整个身体没有依着之处。即大悟之人与虚空同体，所以逍遥自在，无处可着。

⑨**请续一句**：四句偈只写了三句，"请续一句"是让本书读者补上最后一句，以检验他是否领悟本则公案。无门慧开扔三句偈文实际上是形容公案中讲的"大力量人"。这个"大力量人"自然是佛所传的"心"。千万不要续这一句，因为这是无门布下的陷阱。续得再好，也还是文句语句，也还是拾无门的牙慧，仍然要挨无门的痛棒，所以在此处，应该向自己心性中去参。

译文

松源崇岳禅师说："力气很大的人为什么提不起来自己的脚？"又说："说的话跟舌头没有关系！"

无门慧开评论："松源崇岳禅师说话可算是毫无保留，只是没有人去应承酬对。即便有人当下承当，也正好来我这里吃痛棒。什么原因呢？是不是真金要放到火里检验！"

无门慧开的颂文是：抬起脚来竟然能踏翻香水海，看四禅天居然还要低下头，但是他整个身子没有依着的地方，这是怎么一回事？请续上最后一句。

21 云门屎橛

云门①因僧问："如何是佛②？"

门云："干屎橛！"

无门曰："云门可谓家贫难辨素食，事忙不及草书，动便将屎橛来撑门拄户③，佛法兴衰可见④。"颂曰：

> 闪电光，击石火。
>
> 眨得眼，已蹉过。⑤

注释

①**云门**：云门文偃禅师，见《洞山三顿》注①。

②**如何是佛**：佛是怎么样的。这是参禅僧人常用的

问话，禅师们对此问话有多种多样的回答和应对。

③**将屎橛来撑门挂户：**这一句表明，用"干屎橛"回答"如何是佛"的问题，是一种接机手段、一种传教方式，并不是说佛就是干屎橛或者干屎橛里有佛。

④**佛法兴衰可见：**用"干屎橛"这样的粗鄙言语传禅，可见佛教已极度衰微。对照下面的颂文可以看出，这一段是反语。

⑤**闪电光……已蹉过：**说明"干屎橛"的答话是迅捷的机锋，不容拟议，它要消除人们的情解。本则公案的主旨，与《洞山三斤》相同，请参见。

译文

有位参禅僧人问云门文偃禅师："佛怎么样呢？"

云门文偃回答："干屎橛！"

无门慧开评论："云门禅师真可算是家境贫寒，连素食也置办不起，事情匆忙，连草书都来不及，居然动辄以屎橛之谈来弘教传禅，支撑门户，佛法的兴衰于此可见。"

无门慧开的颂文是：云门禅师的机变快似闪电，迅如石火，哪怕是转瞬间的犹豫，就已经错过了。

22　迦叶刹竿

原典

迦叶①因阿难②问云："世尊传金襕袈裟外，别传何物③？"

叶唤云："阿难。"

难应："诺。"

叶云："倒却门前刹竿着④。"

无门曰："若向者里下得一转语亲切，便见灵山一会俨然未散⑤。其或未然，毗婆尸佛⑥早留心，直至而今不得妙！"颂曰：

> 问处何如答处亲⑦，几人于此眼生筋⑧？
>
> 兄呼弟应扬家丑⑨，不属阴阳别是春。

注释

①**迦叶**：大迦叶，见《世尊拈花》注④。

②**阿难**：全称"阿难陀"，意译庆喜，释迦牟尼佛的十大弟子之一。在禅宗的传法系谱中，阿难为西天二祖。

③**别传何物**：禅宗有外传衣内传法之说，袈裟是传承的信物，除此之外就是传佛心印。关于这方面的内容请参见《世尊拈花》注文。

④**倒却门前刹竿着**：刹竿，一种长竿，上饰金铜、宝珠等，为寺院标志，破倒寺院门前刹竿自然是错误之举，目的是对治阿难问话的错误。佛所传的心即是每个人先天具有的觉悟之心，阿难求问他人，不知求问自己。

⑤**便见灵山一会俨然未散**：看见释迦牟尼佛在灵鹫山的说法会还没有结束。传说天台宗智𫖮（公元五三八——五九七年）遵其师慧思所嘱，诵《法华经》，并依此修习，入法华三昧（定），证得灵山一会俨然未散。此句在这里的意思：如果能在阿难和迦叶问答方面彻悟，即可证得与诸佛诸祖同在的境界。

⑥**毗婆尸佛**：过去七佛中的第一位佛。

⑦**问处何如答处亲**：此句特别强调迦叶答语的启悟功能。

⑧**几人于此眼生筋**：指阿难和迦叶一番问答并不是

易于领悟的。

⑨**兄呼弟应扬家丑**：家丑是反语，指禅宗的传心法
门。师兄迦叶叫阿难，师弟阿难答应，这就把禅家的传
心法门抖出来了。

译文

阿难问迦叶："世尊除了传下来金襕袈裟以外，还传
授了什么？"

迦叶叫："阿难。"

阿难应："诺。"

迦叶说："去把寺院门前的刹竿砍倒。"

无门慧开评论："如果向这方面说出一句能真正驱迷
启悟的机语，就能亲眼看到灵山法会尚未结束。如果不
是这样的话，即使从毗婆尸佛时就开始修行，到现在也
是一事无成！"

无门慧开的颂文是：阿难的问话之处怎能像迦叶
的答话之处亲切恰当，又有几个人能在此处看个分明，
理解个透彻？师兄一呼师弟一应，就把家丑全宣扬出来
了。这个家丑是超越阴阳之外的另一种境界。

23　不思善恶

原典

　　六祖①因明上座②趁至大庾岭③，祖见明至，即掷衣钵④于石上，云："此衣表信⑤，可力争耶？任君将去！"

　　明遂举之，如山不动，踟蹰悚栗，明曰："我来求法，非为衣也，愿行者⑥开示。"

　　祖云："不思善，不思恶，正与么时，那个是明上座本来面目⑦？"

　　明当下大悟，遍体汗流，泣泪作礼，问曰："上来密语密意⑧外，还更有意旨否？"

　　祖曰："我今为汝说者，即非密也。汝若返照自己面目，密却在汝边⑨。"

　　明云："某甲虽在黄梅⑩随众，实未省自己面目。今蒙指授入处，如人饮水，冷暖自知⑪。今行者即是某甲师也。"

祖云："汝若如是，则吾与汝同师黄梅，善自护持！"

无门曰："六祖可谓是事出急家，老婆心切。譬如新荔枝剥了壳、去了核，送在尔口里，只要尔咽一咽。"⑫
颂曰：

> 描不成兮画不就，赞不及兮休生受。
>
> 本来面目没处藏，世界坏时渠不朽。⑬

注释

①六祖：禅宗六祖惠能（公元六三八—七一三年），俗姓卢，祖籍范阳（今河北涿州），因其父贬官岭南而为新州（今广东新兴县）百姓。他大约于咸亨年间（公元六七〇—六七四年）到黄梅谒见弘忍，以行者身份从学。不久，他遵弘忍所嘱，回到岭南，隐居十余年。大约垂拱（公元六八五—六八八年）中，他在广州同印宗法师讲佛性问题，从此名声大振，并由此正式受戒。他常住韶州曹溪宝林寺传禅授徒。韶州刺史韦璩曾请他到韶州城大梵寺讲"摩诃般若法"，并传无相戒。他的弟子以这次说法为基础，整理出他的其他事迹，编成《坛经》，这

是唯一公开称为"经"的中国僧人著作。惠能在中国禅宗史上极为重要，他更彻底地主张自证自悟的教义，提出无念、无相、无住三条禅法纲领。本则公案出自《坛经》，讲的是惠能从五祖弘忍处密受衣法，星夜离去，在大庾岭为惠明禅师赶上后的一节。

②**明上座**：惠明俗姓陈，是陈宣帝之孙。曾当过四品将军，此后经六祖惠能启悟，居于袁州蒙山（今江西宜春）。上座是佛教寺院中的僧职名称，唐以前的上座是全寺之长，唐以后禅宗寺院中的上座位在住持之下。这里的上座是敬称惠明，即"明上座"。

③**趁至大庾岭**：追赶到大庾岭。大庾岭在今江西大余县和广东南雄县的分界处。

④**衣钵**：指五祖弘忍传给六祖惠能的袈裟和钵盂。

⑤**此衣表信**：这件袈裟代表传法的证据。

⑥**行者**：有两种含义：其一指没有正式出家而在佛教寺院中服杂役的人；其二指行脚参禅或游方的僧人。惠能当时没有正式出家，所以是在第一种意义上称"行者"。

⑦**本来面目**：指人的本心或本性。

⑧**上来密语密意**：指六祖惠能以上所讲的话。由于惠明认为惠能得了五祖密法而逃走，所以此句可理解为指历代祖师的秘密语言和秘密意旨。密意，不直截了当

说出的佛的旨意；密语，根据密意所讲的话。

⑨**密却在汝边**：秘密就在你那里。指没有别的秘密，唯一的秘密就是认识和体验自己的本心本性，其实这又不是什么秘密。

⑩**黄梅**：蕲州黄梅县，故治在今湖北省黄梅县西北。由于五祖弘忍在此地传禅授徒，故代指五祖弘忍。下文有"与汝同师黄梅"，也是这个意思。

⑪**如人饮水，冷暖自知**：这是禅宗僧人的常用语，说明对禅境的体验具有语言文字不能确切描述的性质。

⑫**无门曰……咽一咽**：无门禅师的这段评论，是强调六祖惠能为惠明讲述了禅宗的真谛，而且情深意切。

⑬**颂曰……渠不朽**：这段颂文是对人的本心本性的特点的描述。

译文

惠明上座追赶六祖惠能大师来到大庾岭，六祖看见惠明到来，就把衣钵丢在一块大石头上说："这件袈裟是传法的信物，怎么能凭武力抢夺呢？你就拿去好了！"

惠明马上就过来拿衣钵，其重如山，竟然拿不动。惠明迟疑胆怯，对六祖说："我赶来是为求取佛法，不是为了这件袈裟，希望行者指示开导。"

六祖说："不要有意识地追求善，不要有意识地追求恶，在保持这种心理状态的时候，哪个是惠明上座的本来面目呢？"

惠明听了这番话，豁然彻悟，浑身淌汗，泣泪行礼，问六祖："除了以前历代祖师所传授的秘密语言和秘密意旨之外，还有其他的秘密宗旨吗？"

六祖回答："我给你宣讲出来的东西，就不是秘密的了。如果你能凭借智慧反观自己的本心本性，秘密就都在你那里。"

惠明说："我虽然在黄梅同众人一起受弘忍大师教诲，其实并未认识和体验自己的本心本性。现在承蒙你指导教授入门之道，我的体验就如同一个人喝了水，那水是凉是热只有喝水者自己知道。行者现在就是我的师父。"

六祖说："如果你这样想，那么，我就和你一同以黄梅弘忍为师吧！愿你好自为之！"

无门慧开评论："六祖真可以算是性急人遇到了紧迫事情，想使人悟道的心情太迫切。就好像把新荔枝剥了壳、去了核之后，硬塞到你的嘴里，你只需要咽一下就行了。他给惠明传法，正是这样。"

无门慧开的颂文是：人的本来面目无论怎样描画也描画不出来，无论怎样赞美也无法让它承受。其实它根本没有隐藏在什么地方，即便整个世界灭亡了它也不会随之灭亡。

24　离却语言

风穴和尚①因僧问："语默涉离微②，如何通不犯③？"

穴云："长忆江南三月里，鹧鸪啼处百花香④。"

无门曰："风穴机如掣电，得路便行。争奈坐前人舌头不断⑤。若向者里见得亲切，自有出身之路。且离却语言三昧⑥，道将一句来。"颂曰：

> 不露风骨句⑦，未语先分付⑧。
>
> 进步口喃喃，知君大罔措⑨。

注释

①**风穴和尚**：汝州风穴延沼禅师（公元八九六—

九七三年），南院慧颙禅师弟子。《传灯录》卷十三本传中记此公案。他也是位善用应机的禅师，曾在上堂法语中说："夫参学眼目，临机直须大用现前，勿自拘于小节。"由此可见其禅风。

②**语默涉离微**：据《大正藏》本《传灯录》本传的注文，这个"离微"问题的讨论取自托名姚秦僧肇所撰的《宝藏论》。原文说："无眼无耳谓之离，有见有闻谓之微。无我无造谓之离，有智有用谓之微。无心无意谓之离，有通有达谓之微。又离者涅槃，微者般若。般若故繁兴大用，涅槃故寂灭无余。无余故烦恼永尽，大用故圣化无穷。"《宝藏论》中还有关于"离微"的论述，此不摘引。简单说来，"离"是指体，本体；"微"是指用，功用、妙用。此句意为：无论你说话还是沉默，都会涉及体和用这两者，这样就有了分别，与禅理不符，为参禅所不容许。

③**如何通不犯**：怎样才能不触犯体用两个方面，而又能与"道"通达无违？

④**百花香**：《传灯录》本传为"野花香"，此类差别与理解公案无关，凡遇诸如此类的情况不再注出，均以《大正藏》本中的《禅宗无门关》为准。

⑤**争奈坐前人舌头不断**：指风穴禅师的上述答语乃是使用前人的诗句。

⑥**且离却语言三昧**：三昧见《女子出定》注③。这里的"三昧"并非在原意上使用，而是借指某种事物的奥妙、要诀。这里的"语言三昧"，可简单理解为语言的奥妙。脱离了语言的奥妙再说一句，特指风穴禅师的启悟方式。

⑦**不露风骨句**：风骨指诗文、绘画等作品雄健有力的风格、气势。此句指风穴禅师的答语并不惊人，只是使用不显山露水的平常话语。

⑧**未语先分付**：没等说话就已经把事情完全交代了。这是说，风穴禅师的答语虽然十分平常，对启悟参禅者却功用无比。

⑨**进步口喃喃，知君大罔措**：风穴禅师的那句话，已经把要说的都说了，如果还要对此再说个没完，继续辩解，那就是没有悟的表现了。

译文

有位僧人问风穴延沼禅师："说话和不说话都要涉及离、微这两个方面，怎样才能通达而不触犯呢？"

风穴延沼禅师回答："长忆江南三月里，鹧鸪啼处百花香。"

无门慧开评论："风穴禅师机变如闪电，得着一条路就走。无奈也是重提前人的老话而已。如果能向这方面洞察透彻明白，自有进步的途径。你且脱离开语言本身的奥妙，说出一句驱迷启悟的话来。"

无门慧开的颂文是：用一句不显山露水的话来酬对提问，话未出口实际上已经把问题交代清楚了。如果你还要喃喃自语说个没完没了，我就知道你糊里糊涂根本没有证悟。

25 三座说法

原典

仰山和尚①梦见往弥勒所，安第三座②。有一尊者白槌云："今日当第三座说法。"

山乃起，白槌云："摩诃衍法③，离四句④，绝百非⑤，谛听！谛听！"

无门曰："且道，是说法不说法？开口即失，闭口又丧，不开不闭，十万八千⑥！"颂曰：

> 白日青天，梦中说梦⑦。
>
> 捏怪捏怪，诳呼一众。

注释

①**仰山和尚**：仰山慧寂禅师，沩山灵祐弟子，沩仰宗创立人之一，生卒年不详，世寿七十七。原籍韶州怀化，俗姓叶，年十七出家，依南华寺通禅师剃发，次年以沙弥身份行脚，先参宗禅师，再礼耽源，末投沩山灵祐门下。三十五岁后为住持，曾居王莽山、仰山（在今江西宜春南）、洪州观音院，卒于韶州东平山。其思想多吸收华严宗理事圆融，应机多画圆相及用动作表达禅学见解。《传灯录》本传中未记此公案，但禅宗界引用此公案并解释者甚多。

②**安第三座**：也有引此公案中述为"第二座"，见《从容庵录》第九十则《仰山谨白》。

③**摩诃衍法**：摩诃衍，梵文音译词，即大乘。大乘佛教教法。此处指禅法，见本页注⑤。

④**离四句**：离，脱离，断绝；四句，有多种分类，此处可理解为指有、无、非有非无、亦有亦无四句。

⑤**绝百非**："绝"与上文"离"意思相同；"百"可以指定数，也可理解为概举其数。"非"指否定两边，如非有非无、非有为非无为等，可举一百，也可举若干个表示。离四句，绝百非常被用于问禅。据《从容庵录》第六则《马祖白黑》，有位僧人问马祖道一禅师："离四

句，绝百非，请师直指某甲西来意。"

⑥**十万八千：**十万八千里，喻错上加错，差得更远。

⑦**白日青天，梦中说梦：**白天做梦就是虚妄之事，梦中又说梦，更是虚妄。据《从容庵录》第九十则，在梦中见佛也是好事，《法华经》中即有此说。不但在梦中见佛，而且当仁不让击槌说法，仰山禅师的确是在断绝迷者的疑惑，启发迷者证悟。仰山禅师梦中不忘说法，可谓慈悲心切。无门禅师此颂意在不要让参禅者执着"离四句，绝百非"，甚至连此公案所述也不要执着。

译文

　　仰山慧寂禅师梦见自己来到弥勒佛之处，被安置在第三个座位上就座。有一位尊者击槌宣布："今天该第三座宣讲佛法了。"

　　仰山慧寂禅师就站起来击槌说："大乘佛法，不过是离四句，绝百非，仔细听！仔细听！"

　　无门慧开评论："你且说说看，像仰山禅师这样说法，是不是在说法？开口答话是错了，闭口不答话也是错了，不开口答话也不闭口不答话那就错上加错，差得更远了。"

　　无门慧开的颂文是：大白天做梦已属虚妄之事，在梦中说梦境更是虚妄又虚妄。仰山和尚这完全是扭捏作怪，欺诳众位参禅人。

26 二僧卷帘

清凉大法眼①因僧斋前上参，眼以手指帘，时有二僧同去卷帘。眼曰："一得一失②。"

无门曰："且道是谁得谁失？若向者里着得一只眼③，便知清凉国师败阙处④。然虽如是，切忌向得失里商量。"
颂曰：

卷起明明彻太空，太空犹未合吾宗。
争似从空都放下⑤，绵绵密密不通风。

①清凉大法眼：法眼文益（公元八八五—九五八年）

禅师，俗姓鲁，余杭（杭州）人，七岁落发，受具戒于越州（浙江绍兴）开元寺，习律于明州（宁波）阿育王寺，曾参学于长庆慧棱，因遇罗汉桂琛参学得悟，成为其嗣法弟子。先在临川（江西抚州）崇寿院传法，次于南唐初年住金陵报恩院，再迁清凉寺。逝后谥"大法眼禅师"。他倡导的"若论佛法，一切见成"之说很有影响，其知名弟子六十三人，创法眼宗。

②**一得一失**：本则公案流传较广，解释者较多，而解释的重点就放在法眼禅师的这四个字上。据《从容庵录》第二十七则《法眼指帘》介绍，有人认为"指者则会，不指而去者则失"。这个解释明显与无门禅师的理解不同。《从容庵录》认为，诸方禅师都以离得失、忘是非为上，法眼禅师却反其道而行之，偏偏"走入是非海里，得失坑中"，公开说得失。原因何在？一有造作就有得失，祖师一西来就有得失，一指帘就有得失，所谓法出奸生。法眼禅师说"一得一失"，就是让人们向未指帘时"会取"，即向无得失处领悟。法眼禅师以这种方式启悟，也是具有"明暗相参"的特点。《从容庵录》是联系天童正觉禅师的颂古解此公案，所以涉及的范围较广。无门慧开禅师的评论，在主要的方面和《从容庵录》的解释是一致的。

③**着得一只眼**：指以禅学的眼光审视。

④**清凉国师败阙处**：败阙处，即败露之处、失误之处。这是指法眼禅师讲一得一失，而不是讲离得失。与下文"切忌向得失里商量"对照，这里的"败阙"是反语，启发人们向得失之外体会。

⑤**争似从空都放下**：在没有卷起帘子之前没有明见太空，也就是把太空都放下了，所以要向没卷帘时，也就是无得失时领悟，不能在得失上做文章。只有这样，才能与禅旨契合得"绵绵密密不通风"。

译文

有僧人于斋前来参学，法眼文益禅师用手指门帘，这时有两位僧人一同去卷起帘子。法眼禅师说："一得一失。"

无门慧开评论："你试说谁得谁失？若向这方面真正洞察明白，就知道清凉法眼禅师在什么地方败露了。虽然情况是这样，千万不要在得失方面讨论。"

无门慧开的颂文是：当把帘子卷起来的时候，就明明白白彻见了太空，但彻见太空仍然不符合我们禅宗的宗旨。怎么能像连那太空都放下来一样，那么就能同我们的宗旨完全契合，毫无间隔。

27 不是心佛

原典

南泉①和尚因僧问云："还有不与人说底法②么？"

泉云："有。"

僧云："如何是不与人说底法？"

泉云："不是心，不是佛，不是物③。"

无门曰："南泉被者一问，直得揣尽家私④，郎当不少。"颂曰：

叮咛损君德，无言真有功。

任从沧海变，终不为君通⑤。

注释

①**南泉**：南泉普愿禅师，见《南泉斩猫》注①。

②**不与人说底法**：指禅宗教义。

③**不是心，不是佛，不是物**：这是对"道"的描述。普愿曾说："大道一切，实无凡圣，若有名字，皆属限量。"《传灯录》卷六记录了一段马祖道一与僧人的连续问答，可以借用为注解。"僧问：和尚为什么说即心即佛？师云：为止小儿啼。僧云：啼止时如何？师云：非心非佛。僧云：除此二种人来如何指示？师云：向伊道不是物。僧云：忽遇其中人来时如何？师云：且教伊体会大道。"很明显，"非心非佛"与"不是心，不是佛"在本来的意义上差别很大，但在这里可以互通了。最后加上"不是物"，用词也一样。说不是心、不是佛、不是物的目的是为了消除各种执着，而消除各种执着之后的终极目标乃是"体会大道"。"会道"可以说是普愿和尚的一个禅学纲领。他说："佛出世来，只教会道，不为别事，祖祖相传，直到江西老宿（指道一禅师），亦只教人会者个道。"因此，普愿禅师"不与人说底法"，就是让人们去"会道"。关于这方面的内容，可参见《平常是道》《智不是道》等公案的注文。

④**揣尽家私**：把家中的所有财产都亮出来了，指南

泉普愿讲了最重要的内容。

⑤**终不为君通**：这首颂文是正面解释，强调"道"不可言"会"，不可意"会"。按普愿禅师的思想分析，只有"平常心是道"。

译文

有位僧人问南泉普愿和尚："还有不给别人讲说的佛法吗？"

普愿和尚回答："有。"

僧人问："不给别人讲说的佛法是怎么样的？"

普愿和尚说："不是心，不是佛，不是物。"

无门慧开评论："南泉禅师被这一问，只好把家里的财宝全部亮出来了，真是出丑好笑！"

无门慧开的颂文是：再三讲解嘱咐有损大禅师的形象，大道无言真正是妙用无穷。任凭你问来问去折腾个天翻地覆，我终究不会把离言绝相的那个东西解说清楚。

28 久响龙潭

龙潭①因德山②请益③，抵夜，潭云："夜深，子何不下去？"

山遂珍重揭帘而出，见外面黑，却回云："外面黑。"

潭乃点纸烛度与，山拟接，潭便吹灭。山于此忽然有省，便作礼。

潭云："子见个什么道理④？"

山云："某甲从今日去，不疑天下老和尚舌头⑤也！"

至明日，龙潭升座云："可中有个汉，牙如剑树，口似血盆，一棒打不回头。他时异日，向孤峰顶上立吾道在⑥。"

山遂取疏钞，于法堂前将一炬火，提起云："穷诸玄辨，若一毫致于太虚⑦；竭世枢机，似一滴投于巨壑！"将疏钞便烧，于是礼辞。

无门曰："德山未出关时，心愤愤，口悱悱，得得⑧来南方，要灭却教外别传之旨⑨。及到澧州路上，问婆子买点心。

婆云：'大德！车子内是什么文字！'

山云：'《金刚经⑩疏钞》。'

婆云：'只如经中道：过去心不可得，现在心不可得，未来心不可得，大德要点哪个心⑪？'

德山被者一问，直得口似扁担。然虽如是，未肯向婆子句下死却⑫。遂问婆子：'近处有什么宗师？'

婆云：'五里外有龙潭和尚。'

及到龙潭，纳尽败阙⑬。可谓是前言不应后语。龙潭大似怜儿不觉丑，见他有些子火种⑭，郎忙将恶水蓦头一浇浇杀⑮。冷地看来，一场好笑。"颂曰：

> 闻名不如见面，见面不如闻名。
> 虽然救得鼻孔，争奈瞎却眼睛⑯！

注释

①**龙潭：**唐代龙潭崇信禅师，天皇道悟弟子，生卒年不可考。《传灯录》卷十四"宣鉴"条记有与本公案相

关的内容，但所述与此有出入。

②**德山**：德山宣鉴禅师，龙潭崇信弟子，见《德山托钵》注①。

③**请益**：参禅者已经领受教诲，还有不理解的问题，进一步再请教，称为"请益"。据《百丈清规》记载，向寺院中的住持请益有一定的程序。

④**见个什么道理**：悟出了什么道理。

⑤**老和尚舌头**：老和尚说的话、讲的教法。

⑥**向孤峰顶上立吾道在**：崇信禅师属于隐修类型的禅师，当时的影响不大。这句话是肯定日后德山宣鉴将扬名天下，成为弘禅的大宗师，光大门庭。

⑦**穷诸玄辨，若一毫致于太虚**：这是强调能言善辩、语言文字对彻悟的作用极小。下文的"竭世枢机，似一滴投于巨壑"与此句意思相近，是讲钻研经典、穷尽妙理也与明心见性的证悟无关。

⑧**得得**：特地，专门。

⑨**要灭却教外别传之旨**：指德山宣鉴当时还执着于经典文字，与不立文字、教外别传的禅宗宗旨有违。

⑩**金刚经**：《金刚般若波罗蜜经》的简称，"金刚"比喻非常坚固不能被摧毁；"般若"意为智慧；"波罗蜜"意为到达彼岸。经名的字面意思是：凭借金刚不坏之身和至高无上的智慧而到达解脱的彼岸。后秦鸠摩罗什译

出的一卷本流传最广，另有数种异译本。《金刚经》倡导
"凡所有相，皆是虚妄"，主张人们应该"离一切诸相"
而"无所住"。这部经对禅宗的思想有着重要影响。

⑪**要点哪个心**：宣鉴要的"点心"是食品，婆子讲
的是"心念"。

⑫**句下死却**：宣鉴当时执着于经典，走寻文解意
的路子，婆子启发他，但他没有因听了婆子的话而消除
（死）错误认识而获省悟。

⑬**纳尽败阙**：犹言出尽丑，出尽洋相。

⑭**见他有些子火种**：即认为宣鉴堪可造就，日后能
成为弘教传禅的大宗师，如火种可成燎原之势。

⑮**郎忙将恶水蓦头一浇浇杀**：崇信禅师把点燃的烛
火递给宣鉴，宣鉴刚要接过来，他又突然把火吹灭。用
这种手段启悟宣鉴，真似恶水浇头，要把他的那点火种
子烧灭。此句即是指崇信禅师启悟宣鉴的峻烈手段。

⑯**虽然救得鼻孔，争奈瞎却眼睛**：执着于经教，如
同让经典牵着鼻子走。宣鉴火烧疏钞，如同救了鼻孔。
但是，不执着于经典不等于完全不要经典，所以，有眼
睛而完全不看经典，就如同瞎了眼睛。这是对宣鉴火烧
疏钞的解释，指明禅宗僧人对经典的态度。

译文

德山宣鉴向龙潭崇信禅师请教，到了深夜，龙潭崇信禅师说："夜深了，你为什么还不走？"

宣鉴郑重撩起门帘走出去，看见外面天很黑，就返回来说："外面天太黑。"

崇信禅师就点燃蜡烛递给宣鉴，宣鉴刚要接过来，崇信禅师一口气把火吹灭了。宣鉴忽然省悟，便向崇信行礼。

崇信禅师问："你悟出了什么道理？"

宣鉴回答："我从今以后不疑天下老和尚们讲的话了！"

第二天，崇信禅师走上讲座说："这里面有个好汉，牙利如剑树，口似血盆，一棒打不回头。以后他会在孤峰顶上树立我的教法。"

宣鉴听了这番话，就取来《金刚经疏钞》，在法堂前燃起一炬火，提起来说："穷尽所有的玄辩，也好像在太虚中投下一根毫毛；竭尽世间所有的机密，也只如同往大山沟里滴了一滴水！"说罢，就把《金刚经疏钞》烧了，然后行礼告辞。

无门慧开评论："德山宣鉴昔日没有出关时，心中好像有许多话，嘴里就是说不出来，所以特地来到南方，打算剿灭教外别传之旨。等走到澧州大路上，他跟一位婆子买点心。

婆子问：'大德，你的车子里装的是什么书？'

宣鉴回答：'《金刚经疏钞》。'

婆子问：'就如经中说：过去心不可得，现在心不可得，未来心不可得，不知大德要点哪个点心？'

宣鉴当时被问得哑口无言。情况虽然如此，宣鉴也没有在婆子的这句问话下省悟，便问婆子：'附近有没有大宗师？'

婆子回答：'离这儿五里路外有个龙潭崇信和尚，是位大宗师。'

等到见了龙潭崇信禅师，宣鉴出尽了洋相，可以说前言不搭后语！龙潭崇信真好似痛爱儿子觉不出儿子丑来，看出宣鉴有些火种子，急忙用水照头上浇下去。暗里看去，真是一场好笑。"

无门慧开的颂文是：闻名不如见面，见面不如闻名。虽然把鼻孔救了，无奈又瞎了眼睛！

29 非风非幡

六祖[①]因风扬刹幡[②]，有二僧讨论，一云："幡动。"
一云："风动。"往复曾未契理。

祖云："不是风动，不是幡动，仁者心动。"二僧悚
然。

无门曰："不是风动，不是幡动，不是心动，甚处见
祖师？若向者里见得亲切，方知二僧买铁得金。祖师忍
俊不禁，一场漏逗！"颂曰：

> 风幡心动，一状领过。
>
> 只知开口，不觉话堕。

注释

①**六祖**：六祖惠能，见《不思善恶》注①。本则公案出自《坛经》，记六祖惠能在广州法性寺发生的事。

②**幡**：佛教的法物，窄长垂直挂起的旗子。树幡是用以祈福或表示佛、菩萨的威德。

译文

一阵风吹动刹幡，有两位僧人对此展开讨论，六祖惠能大师听见了。一位僧人说："这是幡在动。"另一位僧人说："这是风在动。"两人争论不休，所发议论却都不合乎禅理。

六祖惠能大师说："这不是风动，也不是幡动，而是诸位的心在动。"两位僧人听了十分惊奇。

无门慧开评论："不是风在动，不是幡在动，不是心在动，那么，六祖大师的意旨在什么地方看到呢？如果向这方面真正理解了，才会知道两位僧人买铁而意外地获得了金子。六祖忍不住发笑，出了一场丑！"

无门慧开的颂文是：说风动和幡动的人，与说心动的人一样在打嘴皮官司，用一张状文就可以全部交代。他们双方只管开口辩解，却不知道都是输了。

30 即心即佛

原典

马祖^①因大梅^②问："如何是佛？"

祖云："即心是佛^③。"

无门曰："若能直下领略得去，着佛衣，吃佛饭，说佛话，行佛行，即是佛也^④。然虽如是，大梅引多少人错认定盘星^⑤！争知道说个佛字，三日漱口？若是个汉，见说'即心是佛'，掩耳便走。"颂曰：

> 青天白日，切忌寻觅^⑥。
>
> 更问如何，抱赃叫屈^⑦！

注释

①**马祖**：马祖道一禅师（公元七〇九—七八八年），俗姓马，故称"马祖"，汉州什邡（今四川什邡）人。削发于资州（今四川资中）处寂，受具于渝州（今重庆）圆律师，先师从金和尚无相，再随怀让在南岳学习十年。在建阳佛迹岭（今属福建）、临川（今属江西）、南康龚公山（今属江西）等地弘禅多年。所创宗派被称为"洪州宗"。卒后唐宪宗谥"大寂禅师"。门下弟子传有一百三十九人。道一禅师虽无著作传世，但其禅法思想影响甚大。诸如即心是佛、非心非佛、向伊道不是物，以及后来传说为道一所首倡的平常心是道等等，长期在禅林流传。

②**大梅**：明州大梅山法常禅师，马祖道一弟子，襄阳人，俗姓郑，幼年出家于荆州玉泉寺，初参道一禅师，问："如何是佛？"道一回答："即心是佛。"法常闻此言大悟。后居大梅山。本则公案即出于此，灯录均有载。

③**即心是佛**：据《祖堂集·道一》记，道一禅师经常教导众人："汝今各信自心是佛，此心即是佛心"，"心外无别佛，佛外无别心"。所以这里的"心"首先是"自心"。自心是佛或即心是佛含义相同，是马祖道一禅法的基础和出发点。这种主张即心而证、反对离心多学的禅

法，将多门佛教简化到心学一途，并且比前人更加自觉。

④**即是佛也**：这句话的意思是：如果能在"即心是佛"上真正彻悟，没有任何执着，那么他的一言一行、一举一动，都体现佛的教化，都与佛无异。

⑤**大梅引多少人错认定盘星**：大梅指法常禅师。定盘星是秤杆上的零位星，是称量物体重量的起点。"错认定盘星"指错把零位星看成所测重物的得数星位。据《祖堂集》《传灯录》等载，法常禅师悟后三十年，盐官（浙江盐官县）齐安禅师转告他说：马祖道一大师最近又讲"非心非佛"，法常对此表示："任他非心非佛，我只管即心即佛。"法常禅师这话不仅得到盐官齐安赞扬，也得到道一禅师赞扬，说："梅子熟也。"指法常真正彻悟了。但是"即心是佛"这句本身也属名言概念，也属应机的方便施设，也不能执着。"大梅引多少人错认定盘星"正是表达此意。

⑥**青天白日，切忌寻觅**：这是比喻不要离开自心外求佛道之意。

⑦**更问如何，抱赃叫屈**：佛在自己的心中，对此还不理解、认识和体验，还要问别人"如何是佛"之类的话，那就无异于怀抱着赃物喊冤枉了。此句强调"即心即佛"。本则公案可与《不是心佛》《非心非佛》等对照理解。

大梅法常问其师马祖道一禅师:"佛是怎么样的?"

马祖道一回答:"即心即佛。"

无门慧开评论:"如果能够当下领悟道一禅师的话,那么你穿衣服就穿的是佛的衣服,吃饭就吃的是佛的饭,说话就说的是佛的话,行动就是佛的行动,也就是说,你就是佛。情况虽然是这样,大梅法常禅师不知引导多少人把始点错认为是终点!怎么能不晓得古人说的话,说一个'佛'字,要三日漱口?如果真正是个人物,听见人说'即心是佛',捂着耳朵就跑了。"

无门慧开的颂文是:大白天千万不要寻找自己丢不了的东西,如果还要问这事怎么样,那真正是怀抱赃物喊冤枉。

31 赵州勘婆

原典

赵州[①]因僧问婆子："台山路[②]向甚处去？"

婆云："蓦直去。"

僧才行三五步，婆云："好个师僧，又恁么去！"

后有僧举似州，州云："待我去与尔勘过[③]这婆子。"

明日便去，亦如是问，婆亦如是答。州归，谓众曰："台山婆子，我与尔勘破了也[④]。"

无门曰："婆子只解坐筹帷幄，要且着贼[⑤]。不知赵州老人善用偷营劫塞之机，又且无大人相[⑥]。检点将来，二俱有过[⑦]。且道：那里是赵州勘破婆子处？"颂曰：

> 问既一般，答亦相似。

饭里有砂，泥中有刺⑧。

注释

①**赵州**：赵州从谂禅师，见《赵州狗子》注①。

②**台山路**：往五台山去的路。

③**勘过**：勘验一下，查验一下。

④**我与尔勘破了也**：勘破，勘验出来，弄清了究竟，识破，看穿。本则公案流传很广，作颂文解释的也很多，一般围绕的重点都在"勘破"上，即如无门禅师下文所问的："那里是赵州勘破婆子处？"最早为本则公案作颂的是汾阳善昭，颂文是："台山路上老婆禅，南北东西万万千。赵州勘破人难会，南北草鞋彻底穿。"这里指出：台山路上婆子的话不是一般的指路，而是勘验启悟僧人的机语，所以叫"老婆禅"。赵州勘破婆子的地方人们是难以理解的（人难会），要对它理解需要长期的参禅行脚实践（草鞋彻底穿）。因此，所谓"勘破处"，即指禅理。另外，天童正觉关于这则公案的颂文也很有特色，流传也更广。颂文说："年老成精不谬传，赵州古佛嗣南泉。枯龟丧命因图象，良驹追风累缠牵。勘破了，老婆禅！说向人前不值钱。"前两句是介绍赵州禅师。中间两句引用典故：神龟由于可用作占卜工具，所以遭杀

戮；良马由于跑得快，所以总被缰绳束缚。这是说明台山婆子由于勘验僧人而被赵州禅师勘破。那么勘破处何在？"说向人前不值钱"，即不可言传，需要自证自悟。

⑤**婆子只解坐筹帷幄，要且着贼**：着贼，被贼偷了，指婆子被赵州禅师勘破。这句是说：台山婆子只顾勘验过往的参禅僧人，没想到自己反而被人勘验了。无门禅师这里的评论，与天童正觉颂文中的"枯龟丧命因图象，良驷追风累缠牵"表达的意思相同。

⑥**大人相**：指佛不同凡俗、生来就具备的特异相貌。这里可理解为异于常人的相貌。由于赵州禅师被称为"古佛"，如天童正觉颂文中的"赵州古佛嗣南泉"，所以这里说赵州禅师无"大人相"，也是语意双关。

⑦**二俱有过**：两个人（或指两个方面）都有过失。

⑧**饭里有砂，泥中有刺**：指问话和答语都是机语，不能从字面去理解，要证悟言外之意。这是启发参禅者去证悟"赵州勘破婆子处"。

译文

有位僧人问一位婆子："往五台山去的路朝哪边走？"

婆子回答："直着走。"

这位僧人才走了三五步，婆子就说："好一位禅僧师父，又这么样走去了！"

后来，有位僧人把这件事告诉了赵州从谂禅师，赵州禅师说："等我去为你勘验这位婆子。"

第二天，赵州禅师就去见那位婆子。赵州禅师也是像僧人那样问，婆子还是像以前那样回答。赵州禅师回来后对大家说："我已经为你们把台山路上的婆子勘验出来了！"

无门慧开评论："台山路上的婆子只知道运筹于帷幄之中，想不到自己却被别人算计了。岂不知赵州老人善于运用偷营劫寨的机变，况且他又没有大人相，不易提防。从禅的观点考察，两个人都有过失。你且说：赵州禅师识破婆子的地方在何处？"

无门慧开的颂文是：所问的话前后是一样的，所答的话前后也是相同，但那问话好像饭里加了砂子，那答话仿佛泥中带了刺。

32　外道问佛

原典

　　世尊因外道^①问："不问有言，不问无言^②。"世尊据座，外道赞叹云："世尊大慈大悲^③，开我迷云，令我得入。"乃具礼而去。

　　阿难寻问佛："外道有何所证，赞叹而去？"世尊云："如世良马，见鞭影而行。"

　　无门曰："阿难乃佛弟子，宛不如外道见解。且道：外道与佛弟子相去多少^④？"颂曰：

　　　　　　剑刃上行，冰棱上走^⑤，

　　　　　　不涉阶梯，悬崖撒手^⑥。

注释

①**外道**：泛指佛教以外的宗教派别或哲学派别。在释迦牟尼佛传教时，主要指六师外道和九十六种外道。

②**不问有言，不问无言**：有言，可以用语言文字表述的，指世俗的真理、现象、世间法。无言，不能用语言文字表述的，佛教的绝对真理、本体、出世间法。对于这两个方面都不问，表明不向外追求，不执着于任何两个极端。

③**大慈大悲**：慈指能够爱护众生并给予众生欢乐的行为，悲指能够怜悯众生并解除众生苦难的行为，慈悲原是指佛、菩萨的情感和言行，后泛指一切人有利于众生的活动。

④**外道与佛弟子相去多少**：禅宗认为众生自心具足一切，包括佛的智慧，从这个意义上说，众生是平等的，没有高下优劣之分的。因此，从禅的角度去看，外道与佛弟子在本质上没有差别。

⑤**剑刃上行，冰棱上走**：这里是指外道的上述问话，既不问"有言"，也不问"无言"，不涉两边。

⑥**不涉阶梯，悬崖撒手**：禅宗的修行是无修之修，没有修行的阶段划分，所谓一悟即入佛境界。也没有可凭借以攀缘的东西，所谓悬崖撒手，全身放下。

译文

　　有位外道问世尊："我不问可以用语言文字表述的，也不问无法用语言文字表述的。"世尊听了坐在座位上，外道赞叹说："世尊真是大慈大悲，驱散了我的迷云，使我证悟。"说完，外道郑重行礼之后走了。

　　阿难随即问释迦牟尼佛："外道有什么证悟，这样赞叹而去？"世尊回答："他就像世间的好马一样，看见闪动的鞭影就随人意驰骋了。"

　　无门慧开评论："阿难是佛的十大弟子之一，好像还不如外道有见识。你试说：外道与佛弟子相差多少？"

　　无门慧开的颂文是：好像在剑刃上行，仿佛在冰棱上走，没有攀登的阶梯，也放开攀悬崖的手。

33 非心非佛

原典

马祖①因僧问："如何是佛？"

祖曰："非心非佛②。"

无门曰："若向者里见得，参学事毕！"颂曰：

　　路逢剑客须呈，不遇诗人莫献③。

　　逢人且说三分④，未可全施一片。

注释

①**马祖**：道一禅师，见《即心即佛》注①。

②**非心非佛**：根据《传灯录》卷六记，有位僧人问

马祖道一禅师："和尚为什么说即心是佛？"马祖禅师回

答："为止小儿啼。"这位僧人又问："啼止时如何？"马祖禅师回答："非心非佛。"这表明，"即心是佛"和"非心非佛"一样，都是为了破除参禅者的执着提出来的。对于执着于即心是佛者讲非心非佛；对于执着于非心非佛者讲即心是佛。前者是对心和佛的肯定，后者是对心和佛的否定。那么，这样做除了是破除执着外，最终目的是什么呢？请参见《不是心佛》公案。

③**不遇诗人莫献**：此句所要表达的意思与"路逢剑客须呈"相同，它不是讲要遇知音谈禅，而是讲要因材施教，根据对象的具体情况而灵活说法，以达到破其谬见、令其自悟的目的。

④**逢人且说三分**：对人说话是一种启悟的手段，目的是让对方自悟，而不是要给予对方什么。因此，话的适当与否在于是否应机，不在于是否讲说得全面清楚。所以，"见人只说三分话"并不是让人说话时遮掩保留，而是说话要懂得善巧方便。

译文

有位参禅僧人问马祖道一禅师："佛是怎么样的？"

道一禅师回答："非心非佛。"

无门慧开评论："如果向这方面真正看明白了，参禅学道的事情就完成了！"

无门慧开的颂文是：遇到真正的剑客你就亮剑，碰到真正的诗人你就说诗。见人只说三分话，不留余地对双方都会不适宜。

34　智不是道

原典

南泉^①云："心不是佛，智不是道^②。"

无门曰："南泉可谓老不识羞，才开臭口，家丑外扬^③。然虽如是，知恩者少。"颂曰：

> 天晴日头出，雨下地上湿。
>
> 尽情都说了，只恐信不及^④。

注释

①**南泉**：南泉普愿禅师，见《南泉斩猫》注①。

②**心不是佛，智不是道**：《传灯录·如会传》记载，自从马祖道一逝世后，禅僧们专注于"即心即佛"之谈，

如会等为了破除这种执着，便提出"心不是佛，智不是道"的新命题。普愿禅师则集中阐发、弘扬这个新观点。他认为，道一禅师讲的"即心即佛"，不过是为了消除禅僧向外求佛的错误认识，属于"空拳黄叶，止啼之词"。但是现在有人"唤心作佛，认智为道"，这好像将头觅头。他对心、智、佛三者进行了分析，指出："佛性是常，心是无常，所以智不是道，心不是佛。"具体讲，心的特点是造作，如"工伎师"，或曰"三界采集主"，是世俗的根源，所以他主张"宁作心师，不师于心"。至于智，那不过是心的作用、功能，也是性"多矫诈"。从这种论述中得出的合乎逻辑的结论，自然是"心不是佛，智不是道"。

③**家丑外扬**：这是反语，实指宣扬了禅宗重要的正确思想。

④**只恐信不及**：与上文"知恩者少"所表达的意思一致，强调南泉的话不易理解。本则公案可以和《即心即佛》《非心非佛》《不是心佛》《平常是道》等参照理解。

译文

南泉普愿禅师说："心不是佛，智不是道。"

无门慧开评论："南泉普愿可算是老不知羞，刚张开臭嘴说话，就把家丑宣扬出去。情况虽然是这样，能够理解他良苦用心的人太少了。"

无门慧开的颂文是：天晴了太阳出来，下雨了地上潮湿。毫无保留地说出了一切，只恐怕没有人相信。

35　倩女离魂

五祖①问僧云："倩女离魂，那个是真底②？"

无门曰："若向者里悟得真底，便知出壳入壳③如宿旅舍；其或未然，切莫乱走。蓦然地水火风一散④，如落汤螃蟹，七手八脚。那是莫言不道。"颂曰：

> 云月是同，溪山各异⑤。
> 万福万福，是一是二⑥？

注释

①**五祖：** 五祖法演禅师（公元一○二四——一○四年），白云守端弟子。绵州（今四川绵阳县）人，三十五

岁出家，先在成都学习《唯识》《百法》两论，后开始习禅。由于他常住湖北五祖山（即黄梅山），故称五祖法演。其最著名的弟子是圆悟克勤。

②**倩女离魂，那个是真底**：这个问话引自《离魂记》。唐代张镒家住衡州，有女儿名倩娘。倩娘小时候，张镒把她许配外甥王宙。倩娘与王宙长大后感情很好，但张镒改变主意，又将倩娘另许他人，王宙气愤出走。一日夜半，倩娘忽然来到王宙处，两人同去蜀地居五年，生二子，才返归衡州。王宙见张镒后说明此事，张镒大惊，原来倩娘自王宙走后一病不起，数年中未离闺阁。待两个倩娘见面的时候，忽然又合为一断，成了一个人。这个问话是说：倩女离魂成了两个人，到底哪一个是真的？五祖法演的弟子普融藏主，对此公案悟后有一首偈："二女合为一媳妇，机轮截断难回互，从来往返绝踪由，行人莫问来时路。"

③**出壳入壳**：壳指人的躯体，出壳入壳喻生死，此处指倩女离魂故事。

④**地水火风一散**：地、水、火、风称为四大，是组成人体的四种元素，属于色法（相当于物质现象），所以人体本质上是无常，是不真实的。"地水火风一散"指人体死亡。

⑤**云月是同，溪山各异**：天上的云和月没有什么不

同，但映照在溪流山川上的云影和月光显然有差别。应该明了的是：有差别的云影和月光中，又体现着相同的云和月。云和月比喻心体（或理体），云影和月光比喻现象。勘破生死的参禅者，要从心体或理体的同一性体现的相互关系上着眼，此即为普融藏主偈文中讲的"回互"关系。

⑥**是一是二**：这是参禅者通过倩女离魂故事所要证悟的道理。

译文

五祖法演禅师问参禅僧人："倩女魂离躯体成了两个人，到底哪一个是真的倩女？"

无门慧开评论："如果向这方面真正彻悟，就会知道灵魂离开躯体和进入躯体如同住旅店一样；如果不是这样，千万不要乱来。猛然四大分散，阳寿到限，就像落入热水中的螃蟹一样，毫无办法。到那个时候不要怨我没有提前告诉你。"

无门慧开的颂文是：天上的云彩和月亮没有什么不同，映照在溪流山川中的云影月光却各不相同。您好！珍重！我说的这些是一回事还是两回事？

36 路逢达道

原典

　　五祖曰："路逢达道人，不将语默对。且道：将什么对^①？"

　　无门曰："若向者里对得亲切，不妨庆快；其或未然，也须一切处着眼。"颂曰：

　　　　路逢达道人，不将语默对，
　　　　拦腮劈面拳，直下会便会②。

注释

　　①**将什么对**：这则公案流传较广，禅师们对这句问话也有许多应对。例如《传灯录》卷十六《雪峰义存》记：

有僧人问："古人道：路逢达道人，不将语默对。未审将什么对？"根据此处记载，最后一句"将什么对"不是古人的话，而是这位问话者自己问的。义存禅师对这个问话的回答是"吃茶去"。

②直下会便会：此颂文是无门禅师对本公案的解释。宋代禅师大慧宗杲曾引用《庄子》一段话后对"道"发表议论："道与物至极处，不在言语上，不在默然处，言也载不得，默也载不得。"（《大慧普觉禅师语录》卷二十七）达道人的所得之道，当然是"言也载不得，语也载不得"，那么如何与他应对交流呢？前引义存禅师是"吃茶去"，无门禅师的颂文是"拦腮劈面拳"。如果当下领会了就是真正的领会。此为无门禅师的正面结论。

译文

五祖法演禅师说："在路上遇到得道的人，既不和他说话，又不以沉默不语对待他，你试说，拿什么对待他？"

无门慧开评论："如果在这方面应对得贴切，那就庆幸快活；情况如果不是这样，也必须从一切方面彻见明白。"

无门慧开的颂文是：在路上遇到得道的人，既不要和他说话也不要对他沉默不语，你只管照着他的腮帮子脸颊下老拳，不加思考地当下领会了也就是真正领会了。

37 庭前柏树

赵州①因僧问："如何是祖师西来意②？"

州云："庭前柏树子③。"

无门曰："若向赵州答处见得亲切④，前无释迦，后无弥勒⑤！"颂曰：

> 言无展事，语不投机⑥。
>
> 承言者丧，滞句者迷⑦。

①**赵州**：赵州从谂禅师，见《赵州狗子》注①。

②**如何是祖师西来意**：祖师指菩提达磨。这是参禅

过程中常用的问话，禅师们对此问有多种答案。

③庭前柏树子：天童正觉禅师认为，赵州禅师用此句回答提问，表现了他在应机训徒方面的确是"拨乱之手，太平之筹"，有一言兴邦、一言丧邦的能力。极平常的一句话就可以启悟，不假用功，随口道出，自然合辙。如果不理解此句属于消除谬见的"断流语"，硬要从庭前柏树及其这种景物（境）的引申意思上做文章，进而想由此理解赵州禅师的思想，那就大错特错了。当然，对此答语古代禅师们还有其他的解释，此处不再征引。

④若向赵州答处见得亲切：答处，答话之处，不是指所答语句本身。见得亲切，所谓亲切，不仅有清楚、透彻等意思，还有不分彼此、契合的意思，所以"见"不仅有认识、理解的含义，还有体验、证悟的含义。

⑤前无释迦，后无弥勒：如果能在赵州禅师的答话处真正认识、理解和体验，那也就是证悟成佛，与佛无别。此句就是表达这样的意思。

⑥言无展事，语不投机：语言文字不能确切描述事物的真实相状，即言无展事，具体到本公案的理解方面，这里的"事"就是菩提达磨来华传的佛的正法眼藏、涅槃妙心。所以此句可理解为：语言文字不能描述达磨祖师所传的佛心印，语言文字也不能契合人的心机。

⑦承言者丧，滞句者迷：丧，丧失自己本有的佛

性慧命；迷，迷惑，与悟相对。此句可理解为：执着于语言文字的人要丧失佛性慧命，滞于文句者也要陷入迷惑。这实际上是强调：不要在"庭前柏树子"答话的字面上做文章，如果执着于这句答话，那就永远"悟"不了了。

译文

有位僧人问赵州从谂禅师："菩提达磨祖师从西天来中土的目的怎么样？"

赵州禅师回答："庭前柏树子。"

无门慧开评论："如果在赵州禅师答话之处洞察得清楚透彻，那么你前面没有释迦牟尼佛，你后面没有弥勒佛！"

无门慧开的颂文是：语言文字不能描述达磨祖师所传的佛心印，语言文字也不能契合人的心机。执着于语言的人要丧失佛性慧命，滞于文句者也要陷入迷惑。

38 牛过窗棂

原典

　　五祖^①曰："譬如水牯牛过窗棂，头、角、四蹄都过了，因甚尾巴过不得^②？"

　　无门曰："若向者里颠倒着得一只眼，下得一转语，可以上报四恩^③，下资三有^④。其或未然，更须照顾尾巴始得。"颂曰：

　　　　过去堕坑堑，回来却被坏^⑤。
　　　　者些尾巴子，直是甚奇怪。

注释

　　①**五祖**：禅宗五祖法演禅师。

②**因甚尾巴过不得**：尾巴比头、角和四蹄都要细，如果头、角、四蹄可以经过窗棂，那么尾巴当然可以过去。在参禅过程中，禅师经常使用一些与现实生活实践相违背的假设提问，目的在于消除参禅者以常情推理卜度。本则公案的主旨就在这里。

③**上报四恩**：对上报答四种恩情。关于四恩有多种说法，如父母恩、众生恩、国王恩、三宝（佛、法、僧）恩；父母恩、师长恩、国王恩、施主恩等等。

④**下资三有**：对下饶益三有。这里的"三有"可简单理解为三界有情众生，即包括人在内的一切有情识的生物。

⑤**回来却被坏**：指窗棂已被毁坏，实喻那"窗棂"根本就不存在，以此提醒参禅者对问话本身不要执着。

译文

五祖法演说："比方水牯牛要经过窗棂，它的头、角和四只蹄子都过去了，因为什么尾巴过不去？"

无门慧开评论："如果用禅学的眼光向这方面颠倒着看清楚，并且说一句能够驱迷启悟的机语，就可以对上报答四恩，对下有益于三界有情众生。不然的话，还更须照顾尾巴始得。"

无门慧开的颂文是：过了窗棂就堕落在坑堑里，返回头看时那窗棂已被毁坏。所说的这些尾巴啊，可真是十分奇怪。

39 云门话堕

云门因僧问："光明寂照遍河沙……"一句未绝，门遽曰："岂不是张拙秀才①语？"

僧云："是。"

门云："话堕也②。"

后来，死心拈云③："且道：那里是者僧话堕处？"

无门曰："若向者里见得云门用处孤危④，者僧因甚话堕，堪与人天为师⑤；若也未明，自救不了⑥。"颂曰：

急流垂钓，贪饵者着⑦，

口缝才开，性命丧却⑧。

注释

①**张拙秀才**：唐代人，曾参石霜禅师，石霜问："秀才何姓？"他回答："姓张名拙。"石霜又问："觅巧尚不可得，拙自何来？"他于此问下有悟，便作一首偈颂："光明寂照遍河沙，凡圣含灵共我家。一念不生全体现，六根才动被云遮。破除烦恼重增病，趣向真如亦是邪。随顺世缘无挂碍，涅槃生死等空花！"

②**话堕也**：指所答失误而在辩论中输了。这位僧人所念的是张拙秀才的诗偈，当云门禅师问他是不是念张拙秀才诗偈时，他回答"是"，这是对问话的正面回答，已不是讨论禅学了。

③**死心拈云**：死心，黄龙悟新（公元一〇四四——一一一五年）禅师，晦堂祖心弟子，号死心叟。拈，即拈古，用散文体解说古则公案的大意。

④**用处孤危**：指云门禅师应机手段峻烈，使人不易提防，具体指公案中记录的问题。

⑤**堪与人天为师**：可以做人和诸天的导师，实际上是讲证悟成佛。"人天师"是佛的尊号之一。

⑥**自救不了**：自己连自己都救不了。此句暗含的另一层意思是：更别说觉悟成佛之后去拯救芸芸众生了。

⑦**急流垂钓，贪饵者着**：此句是说，尽管云门禅师

应机接物用处孤危，急于明心见性的禅僧还是要来请教的。

⑧**口缝才开，性命丧却**：此句是说，那位僧人刚一开口说话，就丧失了佛性慧命。因为他只记住了张拙秀才的话，忘记了自己的话。此偈颂的四句是以"急流垂钓"为喻正面解释公案。

译文

有位僧人问云门文偃禅师："光明寂照遍河沙……"一句话未说完，云门禅师就说："这不是张拙秀才的话吗？"

这位僧人回答："是的。"

云门禅师说："你输了。"

后来，死心禅师提起这则公案，问："你且说：这位僧人输在什么地方？"

无门慧开评论："如果在这方面明了云门禅师接机手段险峻，这位僧人为什么输了，就可以做人和诸天的导师；如果没有真正明白，自己也救不了自己。"

无门慧开的颂文是：即便在水流湍急的地方垂下钓钩，贪食诱饵的鱼也会来上钩。但是当它刚刚张开嘴的时候，它也就丧失了性命。

40 趯倒净瓶

　　沩山和尚①始在百丈②会中充典座③，百丈将选大沩主人④，乃请同首座⑤对众下语⑥，出格者⑦可往。百丈遂拈净瓶⑧置地上，设问云："不得唤作净瓶，汝唤作什么？"

　　首座乃云："不可唤作木㮇也。"

　　百丈却问于山，山乃趯倒净瓶而去。

　　百丈笑云："第一座输却山子也⑨！"因命之为开山。

　　无门曰："沩山一期之勇，争奈跳百丈圈圚不出。检点将来，便重不便轻。何故聻？脱得盘头，担起铁枷⑩。"

　　颂曰：

扬下笊篱并木杓⑪，当阳一突绝周遮。

百丈重关⑫拦不住，脚尖趯出佛如麻⑬。

注释

①**沩山和尚**：沩山灵祐（公元七七一—八五三年）禅师，福州长溪（福建霞浦）人，俗姓赵，年十五依本郡律师剃发，于杭州龙兴寺受戒，并学究律科。入浙江天台山，先遇寒山子，再遇拾得，均指示其往投百丈怀海禅师。年二十三，游江西参百丈，成为其嗣法弟子。后到大沩山（今湖南宁乡县境），结庵居住，徒众渐聚，常有一千五百余人，成为沩仰宗创立人之一。教人不要止于"顿悟"，不要排斥渐修。应机多采用动作、画图相（圆相）等形式。这种特点在本则公案中也有表现。

②**百丈**：百丈怀海禅师，见《百丈野狐》注①。

③**典座**：僧职，禅林中负责大众斋粥之职。

④**大沩主人**：大沩山（简称沩山）的主人，即住持大沩山。

⑤**首座**：又称上座、第一座，在住持以下，又在众僧之上。《传灯录》卷九谓此首座是华林和尚。

⑥**对众下语**：当着众人对某件事、某个问题等发表评论。这里是让灵祐和首座比试机语。

⑦**出格者**：出语不凡、见识出众者。

⑧**净瓶**：梵文音译词"军迟"的意译词，也称"澡瓶"，净瓶之水，是供饮用。

⑨**第一座输却山子也**：《大正藏》本"输"作"轮"，误。第一座把大沩山输掉了，意谓第一座输给了灵祐禅师，没有资格去沩山当开山祖师。

⑩**脱得盘头，担起铁枷**：前句喻灵祐禅师不再当典座，后句喻他做沩山开山祖师，前者轻，后者重（任务艰巨），这是前文"便重不便轻"的意思。从这个方面说，灵祐赢了首座获得百丈禅师赏识，但他放下轻任务去担当重任务，实际上是中了百丈禅师的"圈套"。

⑪**扬下笊篱并木杓**：笊篱、木杓均为典座所用之物，此句喻灵祐禅师辞去典座之职。

⑫**百丈重关**：指百丈禅师出的比试题目。对答这个问题即如过重关。

⑬**脚尖趯出佛如麻**：灵祐禅师住持沩山后徒众渐增，明心见性顿悟成佛者很多，这都由踢倒净瓶而来，如同踢出了许多佛。

译文

沩山灵祐禅师当初在百丈怀海和尚住持的禅院中当

典座，百丈怀海准备选择一位到大沩山开山的禅师，就请灵祐禅师和首座当着众人比试机语，见识超群者即可前往大沩山。百丈禅师随即拿了一个净瓶放在地上，提出一个问题："不能把它叫作净瓶，你把它称作什么？"

首座禅师先回答："不能称作木樶也。"

百丈禅师再问灵祐禅师，灵祐禅师上前一脚踢倒净瓶就走了。

百丈禅师笑着说："第一座把大沩山输掉了。"因此便命灵祐禅师为大沩山开山祖师。

无门慧开评论："灵祐禅师凭着一时之勇踢倒净瓶，无奈还是跳不出百丈和尚的圈套。仔细分析起来，灵祐禅师还是避轻就重了。原因何在呢？脱下了没有什么重量的盘头巾，却担起了沉重的铁枷锁。"

无门慧开的颂文是：扔下了笊篱和木杓，正面突破重重包围。百丈禅师设置的道道关口拦不住他，灵祐脚下踢出了许许多多的佛。

41 达磨安心

原典

达磨面壁①，二祖立雪断臂②云："弟子心未安，乞师安心。"

磨云："将心来，与汝安。"

祖云："觅心了不可得。"

磨云："为汝安心竟。"

无门曰："缺齿老胡，十万里航海特特③而来，可谓是无风起浪。末后接得一个门人，又却六根不具④。咦！谢三郎不识'四'字⑤。"颂曰：

> 西来直指，事因嘱起。
>
> 挠聒丛林，元来是尔。

注释

①**达磨面壁**：达磨，菩提达磨，禅宗东土初祖，出身于南印度婆罗门种姓家庭。出家后悉心钻研大乘佛教，中年后立志来中国传教。大约于刘宋（公元四二〇—四七九年）末年渡海来到中国南方，以后又辗转渡江北上，到北魏传授禅法，其禅法被归纳为"二入四行"。在禅宗的典籍中，关于菩提达磨的记载很多。达磨面壁，达磨曾在河南嵩山少林寺面壁而坐，终日默然，人们都不理解他这是干什么，称他为"壁观婆罗门"。此事在灯录中均有记载。

②**二祖立雪断臂**：二祖，禅宗二祖慧可（公元四八七—五九三年），俗姓姬，虎牢（今河南荥阳）人，少年时代为儒生，通达老庄易学，又潜心研究佛教经典。到了四十岁左右，随菩提达磨习禅，其后在洛阳一带讲学，因受道恒禅师等人的排斥，流落于邺卫（今河南安阳、卫辉一带）之间，随顺世俗，创作一些歌谣小品，表达自己的禅思想。晚年可能隐居于舒州皖公山（在今安徽潜山县）。立雪断臂，慧可初随菩提达磨时，达磨祖师整日端坐面墙，并没有什么教诲。慧可为表现求法心之迫切，曾在大雪里站立一夜，至天明时，雪已过膝。后来，他又用利刃自断左臂，置臂于达磨面前，得

到达磨认可。此事见于禅宗典籍。本则公案所述，即是由这件事开始。

③**特特**：同"得得"，专门、特地。

④**六根不具**：六根指眼、耳、鼻、舌、身、意六种感官有能生起相应六识的功能。这里的"六根不具"指二祖慧可断臂之事。

⑤**谢三郎不识"四"字**：比喻只认识自己，心中自求明见本心，不认识别的，不求别的事。

译文

达磨祖师面壁坐禅，二祖慧可不但在雪地里守候，而且断臂以示求法之切。二祖慧可说："弟子心不安，请师父为我安心。"

达磨祖师说："把心拿过来，我给你安。"

二祖慧可说："找心找不到。"

达磨祖师说："我为你安心完毕。"

无门慧开评论："这位老掉了牙齿的胡僧，不远十万里航海来到中土，可算是无风起浪。最后收了一位弟子，却又是个六根不全的人。咦！真是谢三郎不认识'四'字。"

无门慧开的颂文是：祖师西来，直指人心，这件事是由世尊在灵山法会上咐嘱迦叶尊者传正法眼藏引起的。扰乱禅林使其不得安宁的，原来就是"你"。

42 女子出定

原典

世尊昔因文殊①至诸佛②集处，值诸佛各还本处，惟有一女人近彼佛坐，入于三昧③。文殊乃白佛云："何女人得近佛坐，而我不得？"

佛告文殊："汝但觉此女④，令从三昧起，汝自问之。"

文殊绕女三匝，鸣指一下，乃托至梵天⑤，尽其神力⑥而不能出。

世尊云："假使百千文殊，亦出此女人定不得。下方过一十二亿河沙国土，有罔明菩萨⑦，能出此女人定。"

须臾，罔明大士⑧从地涌出，礼拜世尊。世尊敕罔明，却至女人前，鸣指一下，女人于是从定而出。

无门曰:"释迦老子做者一场杂剧⑨,不通小小⑩。且道:文殊是七佛之师⑪,因甚出女人定不得?罔明初地菩萨⑫,为甚却出得?若向者里见得亲切,业识忙忙,那伽大定⑬。"颂曰:

> 出得出不得,渠侬得自由。
> 神头并鬼面⑭,败阙当风流!

注释

　　①**文殊**:梵文音译词"文殊师利"的略称,意译妙德、妙吉祥等,佛教菩萨名,在各类佛典中均有记载。在中国佛教中影响甚大,是四大菩萨之一,相传其显灵说法道场在山西五台山上。在禅宗典籍中,也有不少与文殊菩萨有关的公案,此为其中之一。

　　②**诸佛**:小乘佛教虽有七佛之说,虽有未来佛弥勒之说,但认为现存的佛只有释迦牟尼。大乘佛教则主张有同时并存的许多佛,分布于各个世界。此处的"诸佛"即为同时存在的多佛。

　　③**三昧**:梵文音译词,亦作三摩地等,意译定、等念等。指精神集中、思想专一的心理状态,如《大智度论》卷七所说:"善心一处住不动,是名三昧。"这是任何思维活动都必须具备的心理条件,佛教普遍将其列在"大

地法"中，肯定此法"恒于一切心有"，即为此意。思想专一对人的整体精神活动极为重要，所以佛教把"定"列为三学之一，当作解脱生死，达到涅槃的一种不可缺少的手段。修习者要跏坐静思，将注意力高度集中，按既定思维路线运行。关于三昧的种类，各种佛典中记载颇多。

④觉此女：与下文的"令从三昧起""出此女人定"等含义相同，指使这位女人脱离精神专注的三昧状态，简称"出定"。

⑤梵天：梵文音译词"婆罗贺摩"的意译，也称大梵天，原为印度婆罗门教的三大神之一，佛教列为护法神之一，持白拂。他是色界初禅天之王，离淫欲，寂静净洁。

⑥神力：不可思议的神通力量。

⑦罔明菩萨：罔明即不明。佛教菩萨名，本公案有介绍。

⑧大士：菩萨的旧译词，菩萨是梵文音译词"菩提萨埵"之略称，意译觉有情等，其旧译词有大士、开士、高士、圣士等。

⑨做者一场杂剧：指佛、菩萨为使这位女子出定所显示的神通变化，好像演了一场杂剧。

⑩不通小小：非同小可，指此事表面看来没有什么

了不起，实际含意深刻。

⑪**文殊是七佛之师**：七佛，通称过去七佛，指毗婆尸佛、尸弃佛、毗舍婆佛、拘楼孙佛、拘那含佛、迦叶佛、释迦牟尼佛。文殊菩萨是这七佛的老师。

⑫**初地菩萨**：初地，十地修行中的第一地，十地是十个修行阶位，佛典中有数种分类。就大乘菩萨的十地而言，初地也称欢喜地、喜地等，进入此地的菩萨是初证圣果，领悟了"我法二空"，能有益于自己和他人，生大欢喜，故名"欢喜地"。罔明菩萨是初地菩萨，也就是初证圣果，才达到十个阶位中第一个阶位的菩萨，与七佛之师的文殊菩萨自然不能同日而语。但是，他却能使这位女人出定，文殊菩萨却不能。这是本公案要求参悟的地方。

⑬**业识忙忙，那伽大定**：业识，引起生死轮回的精神主体，按《大乘起信论》的说法，它的产生是因为"无明力不觉心动故"。"那伽"有多种含义，原是指"龙"，亦有精神专一的"定"的意思。此句是说，即使因业识牵转于茫茫的生死之途，也同常处于定中一样。《坛经·机缘品第七》谓："繁兴永处那伽定"，与此意大体相近。

⑭**神头并鬼面**：指文殊与罔明两位菩萨为使这位女人出定而显示神通力，好似装神弄鬼的表演。

文殊师利菩萨来到诸佛集会之处，当诸佛各自返归本处时，只有一位女人在释迦牟尼佛旁边坐着，进入了精神专注的三昧中。文殊菩萨就禀告释迦牟尼佛："为什么这位女人就能在佛的旁边坐，而我不能呢？"

释迦牟尼佛对文殊菩萨说："你只要使这位女人觉醒，让她脱离三昧状态，你自己去问她好了。"

文殊菩萨绕着这位女人转了三圈，鸣指一下，就把她托举到了梵天之处，然而竭尽他的不可思议的神通之力，仍然不能使这位女子出于三昧。

释迦牟尼佛说："即便有百千个文殊菩萨，也不能使这位女子出定。在下方世界经过一十二亿恒河国土的地方，有位罔明菩萨，能使这位女人出定。"

不一会儿，罔明大士从地下冒出来，向释迦牟尼佛行礼。释迦牟尼佛命罔明菩萨再到这位女人跟前，鸣指一下，这位女人于是就出定了。

无门慧开评论："释迦老子演出了这一场杂剧，也是非同小可。你试说：文殊菩萨是七佛的师父，因为什么不能使这位女人出定？罔明菩萨不过是位初地菩萨，为什么却能使这位女人出定？如果向这方面洞察明白透彻，即便业识茫茫流转于生死之途，也如同处于那伽大定之中。"

无门慧开的颂文是：无论你能不能使这位女人出定，她和你都是自由自在的。文殊和罔明这两位菩萨装神弄鬼各自显示一番，实际上是把败露当成了风流潇洒！

43 首山竹篦

原典

首山和尚^①拈竹篦^②示众云："汝等诸人，若唤作竹篦则触，不唤作竹篦则背^③。汝诸人且道：唤作什么^④？"

无门曰："唤作竹篦则触，不唤作竹篦则背。不得有语，不得无语^⑤。速道！速道！"颂曰：

> 拈起竹篦，行杀活令^⑥。
> 背触交驰，佛祖乞命^⑦！

注释

①**首山和尚**：首山省念（公元九二六—九九三年）禅师，莱州人，俗姓狄，受业于本部南禅院，得法于风

穴延沼，曾住汝州城外荒远处的首山。他重视佛教戒律，提倡《法华经》，有"念法华"之称。他也继承机锋棒喝的应机传禅手段，每有禅僧来，必勘验之，因而禅宗典籍中有"天下法席之冠，必指首山"的记载。在《传灯录》卷十三中记首山禅语较多，但本传中无此公案。不过，他举竹篦训徒的事却屡见于后代禅师的著作。

②**竹篦**：禅师示众说法时所使用的竹制器具，约一尺多长。

③**若唤作竹篦则触，不唤作竹篦则背**：触，触犯，产生触觉，有触觉就等于说有了触者和被触者，有了主体和客体的分别、对立，这是与禅宗提出的悟道原则不相容的，因为悟道是要排除、泯灭主客对立的。背，违背，背离，如果不把竹篦叫作竹篦，也许在一定程度上符合禅宗教义，但与现实生活经验直接相违背。所以，触和背都不行，要在触、背之外来领悟。

④**唤作什么**：本公案所述的启悟手段，常为禅师们在参禅训徒过程中使用。北宋末南宋初的大慧宗杲对此有段议论，可能影响了无门慧开，有助于对他下文评论的理解，摘引如下："妙喜（宗杲）室中常问禅和子（参禅僧人），唤作竹篦则触，不唤作竹篦则背；不得下语，不得无语，不得思量，不得卜度，不得拂袖便行，一切总不得。你便夺却竹篦，我且许你夺却，我唤作拳头则

触，不唤作拳头则背，你却如何夺？更饶你道个'请和尚放下着'，我且放下着。我唤作露柱则触，不唤作露柱则背，你又如何夺？我唤作山河大地则触，不唤作山河大地则背，你又如何夺？"宗杲禅师在这段话中曾提到五个"不得"，无门慧开禅师的评论中有"不得有语，不得无语"，显然意思一致。另外，宗杲禅师也在这里强调，提出这个"触"和"背"的问题，既可以"竹篦"为例，也可以不用竹篦。

⑤**不得有语，不得无语**：此句与宗杲禅师的"不得下语，不得无语"等意思一样。对于"唤作什么"的问话，不能用语言酬对，也不能用默然无言酬对。联系宗杲禅师的论述，对这个提问也不能推理、分析，也不能用种种禅势绕过或逃避。如何解决这个问题呢？在宗杲禅师那里是参究话头。无门禅师在下面的颂文中则强调这种应机的功用。

⑥**拈起竹篦，行杀活令**：拿起竹篦问触和背的问题，实际上是下达了"杀活"命令。"杀"是消除参禅者的谬见、执着、错误观念；"活"是启发参禅者本有的智慧，启发省悟。

⑦**背触交驰，佛祖乞命**：在背与触的交替之际，那诸佛诸祖都要乞求饶命。这一方面是说明这种应机的作用，另一方面也强调，在竹篦子话下证悟，也就与诸佛

诸祖无别。

译文

　　首山省念禅师拿起竹篦对大家说："诸位，如果把这叫作竹篦则触，不叫作竹篦则背。诸位试说：叫作什么？"

　　无门慧开评论："叫作竹篦则触，不叫作竹篦则背。不能有言语，也不能没有言语。快说！快说！"

　　无门慧开的颂文是：教导僧众时拿起竹篦来，是下达消除执着谬见和启发悟道的命令。在背与触的交替之际，那诸佛诸祖也要乞求饶命。

44　芭蕉拄杖

芭蕉和尚①示众云："尔有拄杖子②，我与尔拄杖子；尔无拄杖子，我夺尔拄杖子③。"

无门曰："扶过断桥水，伴归无月村，若唤作拄杖，入地狱如箭④。"颂曰：

　　诸方深与浅，都在掌握中。
　　撑天并拄地，随处振宗风⑤。

注释

①**芭蕉和尚**：郢州（湖北钟祥）芭蕉慧清禅师，南塔光涌弟子，新罗国人。

②**拄杖子**：拄杖，僧人的手杖，可以在参禅训徒时用作教具。本公案用以比喻本心佛性的功用。

③**我夺尔拄杖子**：此上几句是说要根据参禅者的不同情况灵活施教。下面颂文中的"诸方深与浅，都在掌握中"就是从这个意义上讲的。

④**若唤作拄杖，入地狱如箭**：如果还要把它称作拄杖（视为身外之物），就是犯了极大的错误，会因此转生地狱恶道，其速度像箭一样快。

⑤**振宗风**：宗风，禅风、宗眼，是指禅学的风格或特点。这里的"振宗风"指振兴整个禅宗，并不是专指禅宗中的某一派。

译文

芭蕉慧清禅师说："如果你有拄杖子，我再给你拄杖子；如果你没有拄杖子，我就夺你拄杖子。"

无门慧开评论："它扶你走过塌了桥的河流，它伴你返归没有月光的村庄，你如果把它称作'拄杖'，那必定会迅速堕入地狱。"

无门慧开的颂文是：各地禅僧的见识高低、禅学修养程度，我心里都很清楚，所以我有撑天拄地的本领，可以在任何地方振兴禅宗。

45 他是阿谁

原典

东山演师祖①曰："释迦、弥勒犹是他奴②，且道：他是阿谁？"

无门曰："若也见得他分晓，譬如十字街头撞见亲爷③相似，更不须问别人道是与不是④。"颂曰：

> 他弓莫挽，他马莫骑。
>
> 他非莫辨，他事莫知⑤。

注释

①**东山演师祖**：五祖法演禅师（公元一〇二四——一一〇四年），白云守端弟子。详见《倩女离魂》注①。

②**他奴**：他的奴仆。这个"他"指人的本心本性。

③**亲爷**：亲生父亲，比喻上文的"他"。

④**更不须问别人道是与不是**：遇到自己的亲生父亲，就用不着再问别人这是谁了。这是强调明见本心本性是个人自己的事，用不着向别人请教什么。此下的颂文均围绕这一层意思展开。

⑤**他事莫知**：四句颂文中的"他"均与上文中的"别人"意思相同，而与上文中的"他奴""他是阿谁""见得他分晓"中的"他"不同。这是强调不要探听别人的事，要探听自己的事，比喻要自证自悟，自我解脱。

译文

东山法演师祖说："释迦牟尼佛和弥勒佛如同他的奴仆，你试说：他是谁？"

无门慧开评论："如果能把他看得明白清楚，就跟在十字街头碰见亲生父亲一样，再没必要问别人是不是了。"

无门慧开的颂文是：不要拉别人的弓，不要骑别人的马，不要分辨别人的是非，不要探听别人的私事。

46 竿头进步

原典

石霜和尚①云："百尺竿头，如何进步？"

又古德②云："百尺竿头坐底人，虽然得入未为真③。百尺竿头须进步，十方世界现全身④。"

无门曰："进得步，翻得身，更嫌何处不称尊⑤？然虽如是，且道：百尺竿头如何进步？嘎！"颂曰：

瞎却顶门眼⑥，错认定盘星⑦。

拼身能舍命，一盲引众盲⑧。

注释

①**石霜和尚：**石霜楚圆（公元九八六——一〇三九年）

禅师，汾阳善昭弟子，金州清湘（陕西安康）人，俗姓李，二十二岁出家，随善昭学习七年。后游历今河南等地，结识杨亿、李遵勖等人。晚年住潭州（湖南长沙）传禅。门下有弟子黄龙慧南和杨岐方会，后分别形成黄龙和杨岐两派。

②**古德：**《从容庵录》第七十九则将此公案所述指为湖南长沙招贤大师景岑，查《传灯录》卷十本传，景岑为南泉普愿弟子，其中所述与本处所记略有出入，摘录如下，不同处的字下带着重点，请参照。景岑禅师曾作一偈："百丈竿头不动人，虽然得入未为真。百丈竿头须进步，十方世界是全身。"其后又记：僧问："只如百丈竿头如何进步？"师云："朗州山，澧州水。"尽管有一些差异，这里的"古德"还是可认为是指景岑禅师。

③**百尺竿头坐底人，虽然得入未为真：**到了百尺高竿的顶端，当然是比喻已经悟道的人，但还不算真正的彻悟，原因何在？《从容庵录》说："大似个人把祖父家门、产业并眷属自身一契卖却，置得个水晶瓶子，终日随形守护，如眼睛相似。莫教万松（《从容庵录》作者万松行秀禅师）见，定与捏破，教伊撒手掉臂，作个无忌讳快活汉。"这段论述表明，悟道者如果执着于自己已获得的悟境，还是一种执着，此即是"未为真"的意思。不执着已获得的悟境，即为百尺竿头更进了一步。

④**十方世界现全身**：十方世界，指东、南、西、北、东南、西南、东北、西北、上、下等十方的世界，十方各有不可计量的世界，总称十方世界。《从容庵录》谓："撒手悬崖下，分身万象中。"消除了对悟境的执着，处处可以显示真心、真道的存在，处处都是解脱之地。此句与下文"更嫌何处不称尊"表达的意思相近。

⑤**更嫌何处不称尊**："称尊"表"成佛"，因为佛为人天至尊，此段是正面讲"百尺竿头如何进步"的问题，下面的颂文则是斥责执着于"百尺竿头"的人。

⑥**瞎却顶门眼**："顶门眼"原指摩醯首罗天王三只眼睛中竖立的一只眼，可以看见常眼所看不到的东西。禅宗典籍中的"顶门眼"与常说的参学眼、正法眼、一只眼等含义相同，指具有禅学的眼光。此句是说，在百尺竿头不求进步的人，如同不具备禅学的眼光，把能够洞察正法的眼睛瞎了。

⑦**错认定盘星**：指把始点误认为是终点。

⑧**拼身能舍命，一盲引众盲**：指执着于"百尺竿头"不求进步的禅师，即便有舍死忘生的精神，也会有误于追随他的参僧者。

译文

石霜楚圆禅师说："到了百尺高竿的顶头，怎样再前进一步？"

另外，古代大德说："在百尺高竿顶头坐底人，虽然已经入道也不算真正悟道。在百尺高竿的顶头还应该再前进一步，在十方世界中显现你的全身。"

无门慧开评论："能够在百尺竿头前进一步，又能返身回来，你又怀疑在哪里不能成佛呢？你试说，在百尺高竿的顶头怎样再进一步呢？嗄！"

无门慧开的颂文是：不具备禅学眼光的人，错把秤杆上的零星位当成是衡量所称重物的星位。这样的禅师即便有舍生忘死的精神，也如同一位盲人引导了一群盲人一样，要害苦了他的追随者。

47 兜率三关

兜率悦和尚①设三关②问学者："拨草参玄③，只图见性④，即今上人⑤性在甚处？识得自性⑥，方脱生死⑦，眼光落时⑧作么生脱？脱得生死，便知去处，四大分离向甚处去⑨？"

无门曰："若能下得此三转语，便可以随处作主，遇缘即宗。其或未然，粗餐易饱，细嚼难饥⑩。"颂曰：

一念⑪普观无量劫，无量劫事即如今。

如今觑破个一念，觑破如今觑底人⑫。

注释

①**兜率悦和尚**：兜率从悦（公元一〇四四——一〇九一年）禅师，真净克文弟子。《续灯录》卷二十二所记"三关语"与此处所记基本相同。

②**设三关**：三关又称三关语、三转语。用三句话提问勘验参禅学道者，喻为"三关"，即三道关卡。

③**拨草参玄**：参玄即参禅。指行脚参禅。

④**见性**："见"并不是用眼睛看的意思，而是对自我本性的认识、理解和体验。另外，由于自我本性与佛性平等无二，所以"见性"又往往是"成佛"的同义语。

⑤**上人**：这里是对参学者的敬称。

⑥**识得自性**：自性，指一切事物或现象永恒不变的本性，包括每个人先天具有的本性。禅宗所讲的"自性"，主要指人的本性。识得自性与上文"见性"的含义相同。

⑦**脱生死**：脱离生死轮回。

⑧**眼光落时**：《续传灯录》卷二十二中为"眼光落地时"，是闭上眼睛时，也就是肉体死亡时，与下文的"四大分离"表达相同的意思。

⑨**四大分离向甚处去**：四大分离，人的肉体由地、水、火、风四种物质元素（四大）组成，一旦"分离"即为肉体死亡。此句是说："人的肉体死亡了又向什么地

方去呢？"以上三句问话即为三关语。设三关语启悟参学者的做法，源自黄龙慧南禅师。他所设的三关语被称为"黄龙三关"。据《林间录》记，慧南禅师对回答他这三句提问的人都不予理会，使回答者不知道自己到底回答得对不对。为什么对任何回答都不置可否？慧南解释说："已过关者，掉臂径去，安知有关吏？从吏问可否，此未透关者也。"所谓"已过关者"，指由此三问而自悟的人，就用不着再作解释；所谓"未透关者"，虽经三问启发犹未悟解的人，再作讲说也无济于事。因此，黄龙慧南设三关，目的在启发参禅者自修自证，自悟佛道。兜率从悦是黄龙禅师的再传弟子，他设三关显系仿自黄龙禅师。

⑩粗餐易饱，细嚼难饥：从黄龙慧南开始，设三关语就是启示参禅者自悟的，而不是要求参学者作答的。这两句话即包含着表明设立三关语目的的意思。为三关语作答语，如同"粗餐"；在三关语启示下去自修自证，如同"细嚼"。

⑪一念：心念活动的最短时间，与表极长久时间的"无量劫"相对。

⑫觑破如今觑底人：连自己也看穿，谓认识自己的本性。本句与公案中讲的"见性""识得自性"等相呼应。

译文

兜率从悦禅师设置三关语问参学者："到处行脚参禅，只是为了明见本性，如今上人的性在什么地方？如果认识和体验了自我的本性，就能脱离生死轮回，阳寿尽时怎么脱离生死？如果脱离了生死轮回，就知道要去的地方，四大分离向什么地方去？"

无门慧开评论："如果能悟了这三转语，就可以在任何地方都独立自主，就可以在处理任何事情时都随心所欲不逾矩。如果不是这样，狼吞虎咽虽然可以很快吃饱肚子，但是仔细咀嚼有助吸收，毕竟能长久耐饥饿。"

无门慧开的颂文是：一念就能完全洞察无量劫的事情，无量劫的事情也就是现在的一念。现在如果看穿悟透了这一念，也就看穿悟透了正在看的人。

48 乾峰一路

乾峰和尚①因僧问："十方薄伽梵②，一路涅槃门，未审路头在什么处③？"

峰拈起拄杖划一划云："在者里④。"

后僧请益云门，门拈起扇子云："扇子踔跳上三十三天⑤，筑着帝释鼻孔；东海鲤鱼打一棒，雨似盆倾。"

无门曰："一人向深深海底行，簸土扬尘⑥；一人于高高山顶立，白浪滔天。把定放行⑦，各出一只手扶竖宗乘⑧。大似两个驰子相撞着，世上应无直底人。正眼观来⑨，二大老总未识路头在⑩。"颂曰：

未举步时先已到，未动舌时先说了⑪。

直饶着着在机先，更须知有向上窍^⑫！

注释

①**乾峰和尚**：越州乾峰（或称瑞峰）禅师，洞山良价弟子。

②**十方薄伽梵**：薄伽梵，梵文音译词，意译世尊，原为婆罗门教对长者的称呼，佛教用以专指释迦牟尼。十方薄伽梵即十方诸佛。

③**未审路头在什么处**：路头，路口、门路、门户，此指进入"涅槃门"的入口处。《从容庵录》第六十一则谓：此问本自《楞严经》第五。

④**在者里**：在这里。黄龙慧南认为，乾峰和尚指路是"曲为初机"，即为了启悟初习禅者。天童正觉颂这则公案的前两句是："入手还将死马医，返魂香（一种能令死者复苏的香）欲起君危。"既然抱着死马当成活马医的态度，既然把"在者里"的答话喻为"返魂香"，自然认为被启悟者是"初机"而不是"上机"。由此可见，正觉禅师对此公案的理解与慧南禅师一致。为什么要回答"在者里"呢？因为涅槃本来就没有门，只能说在这里，以消除寻找门路者的错误观念。

⑤**扇子𧿦跳上三十三天**：三十三天，梵文音译词忉

利天的意译词，六欲天之一，指在须弥山顶中央的帝释天和四方各有的八天，共三十三天。忉利天之主是帝释，即"释迦提桓因陀罗"，佛教护法神，居须弥山顶之善见城。须弥山高达八万四千由旬（每由旬为帝王一天行军所走的路程），扇子一下子能跳上去，碰着帝释的鼻孔。下面的"东海鲤鱼"一句，也是要表达这样的意思。这些事情不可能发生，就如同"涅槃"本来无门硬要找到门一样。

⑥**一人向深深海底行，簸土扬尘**：在海底行走的人就是在水里行走的人，如何能扬起尘土？这是违背世俗常理的，以此说明乾峰和尚的禅语从表面上来看是违于常理。下文的一句话与此含义相同，表明云门和尚的禅语从表面上来看也有违于禅理，与乾峰和尚一样。

⑦**把定放行**：把定，把住不松手，指一定要消除参禅者的谬见。放行，让其通行，指对无谬见者的肯定、认可。

⑧**各出一只手扶竖宗乘**：扶竖，扶持，竖立；宗乘，宗门（禅门）之教（乘）；即弘扬禅理，维护禅门。"各出一只手"语带双关，一方面是无论采取"把定"的方式还是"放行"的方式都是"扶竖宗乘"；另一方面是无论乾峰和尚还是云门和尚都是"扶竖宗乘"。

⑨**正眼观来**：用正法之眼观看，即从禅学的观点来

看。

⑩**二大老总未识路头在**：因为涅槃本无门，所以乾峰和尚与云门和尚始终不会认出涅槃的入门之处。

⑪**未举步时先已到，未动舌时先说了**：赞叹乾峰与云门两位禅师的应机手段，与下文的"着着在机先"意思一致。

⑫**更须知有向上窍**："向上窍"与常讲的"向上一路""向上一事"意思相同，指禅门的至极真理。尽管乾峰和云门二大老"着着在机先"，还应知道有更高一层，这是强调对两位禅师的启悟机语不能执着。

译文

有位参禅僧人问乾峰禅师："十方诸佛，一路通向涅槃之门，不知道入门处在什么地方？"

乾峰和尚拿起拄杖划了一划说："在这里。"

后来，有位僧人就这件事请教云门文偃禅师，云门禅师拿起扇子说："扇子忽地一下跳上了三十三天，碰着帝释天的鼻孔；东海鲤鱼打了一棒，下起了倾盆大雨！"

无门慧开评论："一个人在深深的海底行走，却能扬起尘土；一个人在高高的山顶站立，却能掀起白浪滔天。无论是把定还是放行，都是弘扬禅门妙理。这好像两个驰子居然相互撞上，似乎这世界上就该没有直心人了。从禅学的观点来看，两位老人家始终没有认识到入门处在什么地方。"

无门慧开的颂文是：还没有抬脚走的时候就到了目的地，舌头还没有动的时候就已经把要说的说完了。即便你招招占了先机，更须知还有禅门的向上一事。

禅宗无门关后记

从上佛祖垂示机缘，据款结案，初无剩语。揭翻脑盖，露出眼睛①，肯要诸人直下承当，不从他觅。若是通方之士，才闻举着，便知落处，了无门户可入，亦无阶级可升。掉臂度关，不问关吏②。岂不见玄沙③道："无门解脱之门，无意道人之意。"又白云④道："明明知道，只是者个为什么透不过？"恁么说话，也是赤土搽牛奶。若透得无门关，早是钝置无门；若透不得无门关，亦乃辜负自己。所谓涅槃心易晓，差别智难明。明得差别智，家国自安宁。

时绍定改元解制前五日，杨岐⑤八世孙无门比丘慧开谨识。

注释

①**揭翻脑盖，露出眼睛**：比喻通过解说上述四十八则公案，展示了禅学的道理。

②**掉臂度关，不问关吏**：指已经证悟的禅者根本不需要问别人自己证悟了没有。黄龙慧南禅师说："已过关者，掉臂径去，安知有关吏，从吏问可否，此未透关者也。"（《林间录》卷上）

③**玄沙**：玄沙师备（公元八三五—九〇八年）禅师，雪峰义存弟子，闽县人，俗姓谢，于芙蓉山出家，至钟陵开元寺受戒，后投义存处。先住普应院，次居玄沙山。后闽王迎居安国寺，礼敬为师，并奏赐紫衣，号宗一大师。三处住持三十余年，有众八百。《祖堂集》《传灯录》中载其禅语较多。

④**白云**：白云守端（公元一〇二四—一〇七二年）禅师，杨岐方会弟子，衡阳（湖南省衡阳）人。出家从学方会禅师多年，游庐山时，受圆通居讷禅师尊崇，被荐举住持江州承天寺，后又住持较大寺院多处。

⑤**杨岐**：杨岐派，方会禅师（公元九九二—一〇四九年）创立。杨岐派与黄龙派同出于临济宗石霜楚圆门下，至南宋初，黄龙派衰落，杨岐派成为临济宗正统，并恢复临济旧称。

译文

以上佛祖训教徒众的传禅事迹，已经根据内容判决完毕，本来没有什么多余的话。把脑盖揭开，现出禅门的正眼，只愿诸位参禅者当下应承担当，不向别的地方寻求解脱。如果是位通达的人，才听见讲说公案就知道最终要表达什么意思，明了没有可供趋入的门户，也没有可供攀登的阶梯，捽开臂膀就通过了祖师设置的禅学关卡，根本不去问把守关卡者自己通过了没有。难道没有听玄沙师备禅师说过："没有门户正是解脱的门户，没有主观意愿正是参禅学道之人的意愿。"另外，白云守端禅师说："明明懂得了禅道，就是这个关卡为什么通不过？"这么说话，也好似红色土搽上白牛奶。如果能通过没有门户的关卡，其实早就没有设置的门户；如果不能通过没有门户的关卡，也是辜负了自己。所谓：涅槃心容易理解，差别智难以明了。如果明了了差别智，家庭和国家自然安定泰平。

时为绍定元年（公元一二二八年）解制前五日，杨岐派第八代法孙无门比丘慧开谨识。

源流

在中国禅宗典籍史上，诠释公案的作品种类不少，知名的著作也很多，诸如汾阳善昭的《公案代别百则》，雪窦重显的《颂古百则》，圆悟克勤的《碧岩集》等等。相比较而言，《无门关》作为后出的诠释公案之作，既吸收了以往各类禅学成果，又在内容上和形式上有所创新，以其独特的风貌置身于浩瀚的禅籍中，发挥着不可取代的作用。

禅宗僧人重视公案开端于唐代，兴盛于宋代。在此期间，禅师们创造了钻研和运用公案的诸多形式，由此构成了中国佛教特有的公案之学。这部《无门关》，就是禅宗公案之学长期发展的产物。

"公案"一词，原指官府用以判决是非的案牍，禅宗借用此词，最初特指前代禅师参禅悟道、启悟学人的言行范例，也称为"古则""古德机缘"等。公案的产生，深深植根于禅宗特有的修行方式、传教方式和生活方式之中。

大约从中唐开始，参禅僧人或为造访名师高僧以求指教，或为寻找谋取衣食的新居住地点，逐渐掀起了"行脚参禅"之风。禅僧与所访禅师会面时，必然要相互问答酬对，如果双方言语不契合，禅僧便掉头而去，再到别的地方另寻高师；如果双方言语相投，彼此相契，禅僧就住下来。这样，师徒之间或师友之间的问答酬对，他们对某些禅学问题或禅境体验的相互讨论、交流、启迪和勘验，就成为参禅的重要内容。

参禅过程中使用的特殊语言，称为"禅语"或"机语"，多是表面看来答非所问、不合情理的话语。"机语"一般不是正面讲说道理，而是根据具体情况启发对方理解不可言传的玄理。由于禅师们的修养不同，启悟方式有别，问答时的情境也各异，所以机语也就形形色色，多种多样。有的含蓄生动，有的粗俗率直；有的可从字面上分析出一些含义，有的则是隐语和反语，所谓嬉笑怒骂，皆蕴禅机。更有一些师徒或师友间的参禅酬对，采用打、喝、骂的方式，被称为"棒喝"。这些采用语言或行动应机传禅的方式，常被统称为"游戏三昧"。

在禅语酬对、机锋棒喝盛行的过程中，著名禅师的言行被视为证悟的表现，被视为应机接物的典范，不仅流传于禅林，而且被其后学整理记载下来，就形成"语录"。把历代禅师的语录按一定的传承关系汇集起来，即为"灯录"之作。语录或灯录中一些特别著名的禅师言行，还被单独提出来，作为教禅和习禅的基本资料，作为参禅者鉴别是非、衡量迷悟的准则，即被称为禅门"公案"。

据说，最早使用"公案"一词的禅师是黄檗希运，也有学者对此持否定意见。《碧岩集·三教老人序》说："祖教之书谓之公案者，倡于唐而盛于宋。"这是至今比较一致的看法。不过，"公案"一词在使用过程中含义有所扩展，不仅指前代禅师的言行，而且包括一切有启悟功能的经典语言、传说故事等。

到了北宋，由于对待公案的态度不同，钻研公案的方法不同，形成了不同的禅风或禅学形式，由此开创了禅宗的公案之学，或可称为禅宗的"公案诠释学"。这些禅学形式大体可以分为五大类：公案代别、颂古、拈古、评唱和看话头。

首倡公案代别的禅师是汾阳善昭（公元九四七——一〇二四年）。他曾作《公案代别百则》，指出："室中请益，古人公案未尽善者，请以代之；语不格者，请以别之，故目之为代别。"这就是说，公案代别是应学僧之请教而作，是出于弘教传禅的目的而作，它把公案中语意未尽之处予以进一步揭示，本质上是对公案进行修正性解释。在汾阳善昭之后，公案代别行于丛林，对公案下代语或别语，成为表达明心见性的手段。相对说来，公案代别的影响不及后面四种禅学形式。

颂古是以韵文对公案进行赞誉性解释，首倡者也是汾阳善昭。他曾作《颂古百则》，选择百则公案，分别以韵文阐释。他在其后的《都颂》中，简述了颂古的选材原则、作用及其目的。"先贤一百则，天下录来传。难知与易会，汾阳颂皎然。空花结空果，非后亦非先。普告诸开士，同明第一玄。"大意是说，他选择公案的标准主要是择优，不论宗派，唯以禅林公认的"先贤"言行作为弘禅证悟的典型范例流通天下。公案中的古德言行或机缘，有的晦涩难懂，有的易于理解，颂古的文字都应该使其清楚明白，以便使学者同明禅理（第一玄）。汾阳善昭之后，颂古风靡禅宗界，颂古名家辈出，颂古作品激增。池州（安徽贵池）报恩光孝寺禅师法应，花了三十年时间收集颂古之作，于淳熙二年（公元一一七五年）编成《禅宗颂古联珠集》，计有公案三二五则，颂古二一〇〇首，作颂古的禅师一二二人。元初钱塘沙门普会接续法应的工作，从元贞乙未年（公元一二九五年）开始，用了二十年时间，编成《禅宗颂古联珠通集》，又加公案四九三则，作颂古的禅师四二六人，颂古三〇五〇首。由此可见，作颂古和学颂古成为参禅学道的重要组成部分。

与善昭颂古体的同时，还有一种"拈古"流行，其首倡者已难确考。拈古是采用散文体解释公案大意，也一直流传于禅宗界。相比较而言，拈古的影响不及颂古。

颂古被定义为"绕路说禅"，它虽然比公案容易理解，但还需要再解释。正是为了适应参禅者的这种要求，圆悟克勤（公元一〇六三——一一三五年）作《碧岩集》系统阐释公案和相关的颂古，开创了形式完备的"评唱"体。《碧岩集》以雪窦重显《颂古百则》所选的一百则公案为骨架组织起来，先以"垂示"述一则公案的大意，次列公案，后列颂文。在公案和颂文的行文中加"着语"，文字简短，多则十余字，少则三五字，有时只有一个字。形式多样，有书面语，也有口语、俗语、谚语，大多具有点评性质。在公案和颂古的后面，分别有"评唱"，是对公案和颂古详细正面解说，是本书的主体部分。《碧岩集》把公案、颂古和经教三者结合起来，解说极易理解。然其夹注中或透机锋，评唱中时用机语，仍不失禅宗特色。克勤之后，也有仿效之作出现，重要的有元代万松行秀的《从容庵录》、林泉从伦的《空谷集》《虚堂集》等。总的说来，后出的同类著作都没有《碧岩集》的影响大。

以上所述的公案代别、颂古、拈古以及评唱，均以弘教传禅、明彻禅理为目的。可以说，它们都是为明心见性、启发自证自悟设计的不同方案。这些禅学形式使参学者普遍重视文采，有将禅化为斑斓文字的倾向。北宋慧洪禅师尤其强调这一点，指出：心之妙不可以语言传，而可以语言见。盖语言者，心之缘，道之标帜也，标帜审则心契，故学者每以语言为得道浅深之候。这样，衡量某位参学者是否证悟、是否明心见性，很大程度上被归结到衡量其运用语言的技巧方面。由此引发的一个直接后果是，许多禅僧不注重禅修践行。

克勤的弟子大慧宗杲（公元一〇八九——一一六三年）有鉴于此，开创了运用公案的另一种形式，即参究话头，习称"看话禅"。所谓"话"或"话头"，原指公案中记录的禅师的答语，不是指公案全部。宗杲禅师认为，话头是"活句"，不能从字面来理解其含义，具有不可解释性，所以只能通过直观参究来获得证悟（关于看话禅的主要内容，请参见本书《赵州狗子》注释）。但是，话头具有不可解释性并不妨碍整个公案是可以解释的。所以，宗杲禅师既作颂古以阐释公案，又倡导参究话头，两者并行不悖。

以上是禅宗公案之学发展的大致脉络。《无门关》正是在继承唐宋以来禅学遗产的基础上形成的。它对公案的解说，深受各种禅学思潮的影响。它以"无门曰"为题的评论，承自拈古、评唱；它以"颂曰"为题的诗偈，即为颂古之作。

解说

与以往的解释公案著作一样，《无门关》也是以所选取的公案为线索组织全书。它共收集了四十八则公案，每则公案均以四字为题，相互独立，各成一部分，彼此不衔接。每一部分有三节，即先列公案正文，次以散文体评论，后以颂文阐释。这种组织形式别具一格，与《碧岩集》等书不相雷同。

　　《无门关》所收集的公案，以唐代禅师的机缘为主，宋代禅师的古则较少。这些公案中的绝大多数可以在较流行的禅典，如《传灯录》等书中找到出处，还有个别公案未见他处有记载。在四十八则公案中，只有三则公案与《碧岩集》相同，由此可见，南宋禅师所重视的公案类型已不同于北宋禅师。这也在一定程度上反映了禅学思潮的变化。

每部分的第二节均以"无门曰"开始，采用散文体阐述公案大意，与拈古体相同，具有"据款结案"的性质。间或在叙述中提出与本则公案主旨相关的问题，以便下文发挥。个别部分的这一节篇幅较大，详细讲述公案的来龙去脉。特别是《赵州狗子》这则公案，此节正面讲述如何参究话头，是一个例外。总的说，此节对公案的拈提与第三节的着眼点不同，但又相互联系。

每部分的第三节均以"颂曰"开始，用四句偈颂阐释公案，与"颂古"体相同。绝大多数情况下，"无门曰"和"颂曰"是从不同方面阐释公案，前者正面讲述，后者则从反面讲述；前者提出问题，后者联系公案作答；前者若多用反语，后者则多为正面评述。总之，"无门曰"与"颂曰"两节相互补充，以便更全面地揭示公案主旨，消除参学者对公案本身的执着。

无论是"无门曰"一节还是"颂曰"一节，评述中或透机锋，行文中时用机语，保持着鲜明的禅宗特色。白卍山有感于此，在所撰《无门慧开禅师语录·后记》中说："《碧岩集》之后，评唱公案甚多，而不堕解路发明宗旨者，独无门开公乎！予曾阅《无门关》四十八则，知其然矣。"

《无门关》分别从不同方面讲解了四十八则公案，表面上看每则公案相互独立，自成体系，实际上它们所反映的思想、所弘扬的禅门宗旨是一致的，并且毫不复杂。它让参学者通过钻研理解公案，扫除情解，消除取舍分别之心，外无所求，内亦无着，通过直观参究话头，达到明见本心本性，自证自悟，自我解脱。这也是宋代禅宗一贯强调的禅学内容。

《无门关》的文字并不艰涩，但行文中多使用禅门特有的机语，所要表达的意思往往与字面含义不符合，有时甚至相反，这就给译文表达造成了很大困难。如果译文中过多解释，就完全失去了原文的风格。因此，译文尽量反映其字面含义，其引申含义在注文中说明。特别是一些专门术语、反语、双关语，都在注文中解说。这样一来，有些部分的注文分量相对比较重，译文对于帮助理解原文的作用就很小了。另外，原文中某些具有话头性质的用语，如《赵州狗子》中的"无"，《洞山三斤》中的"麻三斤"，《云门屎橛》中的"干屎橛"，《二僧卷帘》中的"一得一失"等等，译文中均照录。为了能够交代明白清楚一点，原文中的偈颂也没有译成韵文体。

本书注文力求简明，紧扣原文，不作烦琐考证，以有利于理解原文为目的。公案中涉及的人物，如果他的思想与理解相关公案关系密切，适当详细介绍，否则，尽量从简。我曾在拙作《白话坛经》的《注译后记》中说："我们希望通过译文和注文的结合，能够比较确切地表达《坛经》的原义。"在注译《无门关》的过程中，我仍然抱着通过译文和注文结合来比较确切地表达原典思想的希望。

在注译过程中，参考的工具书主要有《宗教词典》（任继愈主编）、《佛学大辞典》（丁福保编）、《佛光大辞典》。除了参考柴山全庆的英文解说和李普士的注本外，还较多吸收了拙作《宋代禅宗文化》、《中国禅宗通史》（杜继文、魏道儒合著）的某些内容。此外，还或多或少地借鉴了其他中外学者的研究成果，一并致谢。

已有不少前辈学者指出，注译佛教典籍是件大难事。我觉得，注译禅宗的典籍，特别是专门拈提公案的禅籍，难度似乎更大。禅门特有的诸多用语，很难用现代通用的词汇表达，更不用说从整体上表现禅典特有的风貌了。要做到译文基本不走样，注文能够揭示原典的深层含义，对我来说，只能是努力的方向。本书译文和注文中肯定有不少谬误，敬请读者诸君教正。

附录

安晚增补①

无门老禅作四十八则语，判断古德公案，大似卖油饼人，令买家开口接了，更吞吐不得。然虽如是，安晚欲就渠热炉熬上再打一枚，足成大衍之数，却仍前送似。未知老师从何处下牙。如一口吃得，放光动地。若犹未，也连见在四十八个都成热沙去。速道！速道！

第四十九则语

经云："止，止，不须说，我法妙难思！"

安晚曰："法从何来？妙从何有？说时又作么生？岂但丰干饶舌，元是释迦多口。这老子造作妖怪，令千百代儿孙被葛藤缠倒，未得头出。似这般奇特话靶，匙挑不上，甑蒸不熟，有多少错认底。"傍人问云："毕竟作如何结断？"安晚合十指爪曰："止，止，不须说，我法妙难思！"却急去"难思"两字上打个小圆相子，指示众人：大藏五千卷，维摩不二门，总在里许。颂曰：

> 语火是灯，掉头弗应。
> 惟贼识贼，一问即承。

注释：

①**安晚增补**：这是无庵安晚居士（生平不详）增补的一则，题目为笔者所加。此则已不属《无门关》正文，标点后作为附录，供参考。

出版后记

星云大师说："我童年出家的栖霞寺里面，有一座庄严的藏经楼，楼上收藏佛经，楼下是法堂，平常如同圣地一般，戒备森严，不准亲近一步。后来好不容易有机缘进到藏经楼，见到那些经书，大都是木刻本，既没有分段也没有标点，有如天书，当然我是看不懂的。"大师忧心《大藏经》卷帙浩繁，又藏于深山宝刹，平常百姓只能望藏兴叹；藏海无边，文辞古朴，亦让人望文却步。在大师倡导主持下，集合两岸近百位学者，经五年之努力，终于编修了这部多层次、多角度、全面反映佛教文化的白话精华大藏经——《中国佛教经典宝藏》，将佛教深睿的奥义妙法通俗地再现今世，为现代人提供学佛求法的方便途径。

完整地引进《中国佛教经典宝藏》是我们的夙愿，

三年来，我们组织了简体字版的编审委员会，编订了详细精当的《编辑手册》，吸收了近二十年来佛学研究的新成果，对整套丛书重新编审编校。需要说明的是此次出版将丛书名更改为《中国佛学经典宝藏》。

佛曰：一旦起心动念，也就有了因果。三年的不懈努力，终于功德圆满。一百三十二册，精校精勘，美轮美奂。翰墨书香，融入经藏智慧；典雅庄严，裹沁着玄妙法门。我们相信，大师与经藏的智慧一定能普应于世，济助众生。

东方出版社

图书在版编目（CIP）数据

禅宗无门关／魏道儒　释译．—北京：东方出版社，2015.9
（中国佛学经典宝藏）
ISBN 978 - 7 - 5060 - 8562 - 5

Ⅰ．①禅…　Ⅱ．①魏…　Ⅲ．①禅宗—宗教经典②《禅宗无门关》—注释③《禅宗无门关》—译文　Ⅳ.① B946.5

中国版本图书馆 CIP 数据核字（2015）第 267844 号

本书中文简体字版由上海大觉文化传播有限公司独家授权出版
中文简体字版专有权属东方出版社

禅宗无门关
（CHANZONG WUMENGUAN）

释 译 者：魏道儒
责任编辑：查长莲
出　　版：东方出版社
发　　行：人民东方出版传媒有限公司
地　　址：北京市东城区朝阳门内大街 166 号
邮　　编：100010
印　　刷：华睿林（天津）印刷有限公司
版　　次：2017 年 9 月第 1 版
印　　次：2024 年 12 月第 6 次印刷
开　　本：880 毫米 ×1230 毫米　1/32
印　　张：8
字　　数：135 千字
书　　号：ISBN 978 - 7 - 5060 - 8562 - 5
定　　价：37.00 元
发行电话：（010）85924663　85924644　85924641